HIPPODROME

HIPPODROME

POEMS BY

Miklavž Komelj

TRANSLATED FROM THE SLOVENE BY

Boris Gregoric and Dan Rosenberg

Zephyr Press | Brookline, Mass.

Cover image excerpted from the video installation
Attractions by Uršula Berlot

Book design by *type*slowly
Printed in Michigan by Cushing Malloy, Inc.

Zephyr Press acknowledges with gratitude the financial support
of the Massachusetts Cultural Council.

masiculturalcouncil.org

Zephyr Press, a non-profit arts and education 501(c)(3) organization,
publishes literary titles that foster a deeper understanding of cultures
and languages. Zephyr books are distributed to the trade in the U.S.
and Canada by Consortium Book Sales and Distribution [www.cbsd.com]
and by Small Press Distribution [www.spdbooks.org].

Cataloguing-in publication data is available from the Library of Congress.

ISBN 978-19388901-3-0

ZEPHYR PRESS
www.zephyrpress.org

TABLE OF CONTENTS

Translator Introductions

Dan Rosenberg

I first met Miklavž Komelj when my wife Becca and I visited Slovenia on our honeymoon in July 2012. Boris Gregoric and I had been translating his work for years, but we had communicated only in handwritten letters (Komelj does not use email) and on the phone. Becca and I arranged to meet him where everyone meets in Ljubljana: at the base of the statue of national poet France Prešeren, which dominates Prešeren Square, in the heart of the city. Approaching the square, we could see Prešeren austerely presiding over the usual mix of locals and tourists eating ice cream on the steps at his feet. Komelj was waiting for us nearby, looking decidedly less austere in the shade of some trees with his wife Barbara and their two young children.

After the quickest of greetings, he launched into a whirlwind tour of the city's art. As our tour took us into church after church, he explained the details of the countless paintings and sculptures, his loud, rich voice clearly disturbing the old ladies who had come to church for other reasons. He detailed the artists represented, the history of the buildings and their architecture, the significance of the iconography. He presented the city's art with familial pride (and, looking at one particularly lackluster sculpture displayed along the Ljubljanica river, familial embarrassment).

This city, its people, its art, and its history are all alive and present to him, and our tour illuminated the fact that life, art, and history are all united in Komelj's mind. But by the fourth hour, everyone else had gone slightly cross-eyed, and only Barbara's gentle admonitions reminded her husband of the human limits from which the rest of us suffered. "I sometimes forget I have a body," Komelj said by way of apology, as we left the Museum of Modern Art to get some food. "One time, I stared at a Velázquez for so long that a security guard shook my shoulder to make sure there was nothing wrong with me."

* * *

Boris and I were first introduced to Komelj's work by Tomaž Šalamun in 2007, when Šalamun sent me a breathless email praising his latest book, *Hipodrom*, and suggested that we consider translating it. After getting the book, Boris and I quickly discovered that Šalamun's exuberance was well founded. Here was a passionate, brilliant, complex writer, and we were excited to begin this project. Our earliest efforts focused on developing our process; building literal translations of these poems was part of how Boris taught me to read Slovene. I knew that the language used no articles, but deciding if *snežinka* signified *a snowflake, the snowflake,* or just *snowflake* in a specific poetic context animated this difference between our languages. And how to account for Slovene's dual grammatical number, which specifies not just singular or plural, but precisely *two* objects or people? As we got comfortable with our process and Komelj's work, though, our partnership evolved to take fuller advantage of our relative strengths in service of the poems: I usually deferred to Boris, with the help of our dictionaries and references, in questions about the Slovene, and he usually deferred to me, with the help of his own fine ear, in questions about the English. We would often debate specific moments extensively, but we always ended in agreement, and these translations are the result of a true partnership and friendship.

After the better part of a year we had developed a series of questions for Komelj, along with a draft of the manuscript, which we sent to him. Within a couple of weeks we received thirty handwritten pages of notes, along with some whimsical drawings of birds. He answered our questions and offered insights into the genesis of the poems, the impetus behind various decisions he had made, his sense of what needed to be preserved in his more complex poems, and where we had unwittingly gone astray. His comments were unfailingly polite and helpful, and he called our attention to several references in the poems we may have missed: to Chris Marker's *Immemory*, to the purification of the Prophet's heart in the Qur'an, to Deleuze and Guattari's concept of "lines of flight." Despite the richness of his allusive field, he never seemed pedantic; he wrote to us as he writes in his poems: with passion, conviction, and good will. With his comments in hand, we revised, feeling confident that we were bringing this remarkable book into an English that comes close to doing justice to it.

Komelj is very comfortable shifting between registers—high and low, archaic and modern, direct and oblique—and he often blends the past with the present, the abstract with the personal, in a way that is not always easy to reproduce. The very title of this book became an exemplary challenge. The Slovene word *hipodrom* denotes the modern racetrack, where people can go and bet on horse races, but it is also the word for the horse racing arenas of the ancient world. Komelj was clearly invested in the modern usage, as the title poem begins at the track: "The fence planks are all chewed up, / the grounds pitted with uneasy footprints." But two lines later we're looking at a "three-hundred-year-old manuscript" commemorating the death of a horse. Komelj's scholarship is never far from his observations; history breathes with him wherever he goes. The source of our difficulty was that this divide between modern and archaic, which drove our discussion of the title in English, doesn't exist in Slovene. Komelj didn't have to choose between the modern and ancient worlds; there is no distinction between the two.

Along with that unity of past and present, the Slovene title also suggests a wider political awareness. Komelj associates his title with the Hippodrome of Constantinople, the arena in which the political factions of the Byzantine Empire competed via party-sponsored chariot racing teams. Thus the word *hipodrom* evokes empire, a larger political system like the ones that Slovenia was a part of from its conquest by the Romans in the first century B.C.E. until it achieved independence from Yugoslavia in 1991. (In fact, Slovenia's position as part of a larger political system has not ended, and Komelj would argue that Slovenia is less independent now as an EU member state than it was as part of Yugoslavia.)

As is so often the case with history as ancient as Slovenia's, fact becomes entwined with myth. Emona, the Roman city that would eventually become Ljubljana, was supposedly founded by Jason in 1221 B.C.E. Komelj, whose publications include a wonderfully idiosyncratic guide to Ljubljana that discusses this mythological origin story, is aware of all of these associations; he packed into his title the book's obsession with history and mythology, politics and quotidian life, in a way that can't possibly be replicated in English —but *Hippodrome* is much closer to accessing that richness than *The Racetrack* would have been.

Despite these divides between English and Slovene, Boris and I saw echoes of a familiar American modernism in Komelj's polyglot, esoteric references, and his sense of himself as embedded in an international tradition. Several tropes, particularly *gestures* (with their involuntary parallel, *trembling*), *whiteness*, and *staring*, thread throughout the book, tying it together with a Poundian rhythm of recurrence. Though maybe William Carlos Williams is the better American modernist comparison because, like Williams, Komelj is a bit of a chimera: his book includes imagistic lyrics, pastiches of quotes, persona poems, political polemics, and a reasonably faithful translation of Seneca. He references Futurist operas, NATO military action, personal friends, and literary and artistic heroes. His view is wide and deep, but throughout this book, and despite all these shifts in attention and approach, he builds a stable, unique vision.

Of course, it is unclear how many of his references would have been available to his Slovenian readers. Bearing in mind Komelj's singularly learned background, and his occasional willful opacities, Boris and I resisted the temptation to explain his allusions, to smooth the reading experience by attempting to provide clarity where he offers suggestiveness or even obscurity. We also resisted the temptation to subdue his occasional polysyllabic abstractions, because part of what struck us as wonderfully unique in Komelj's voice is his combination of exuberance and rigor. He is not afraid of the exclamation mark, or of the abstract philosophical term, and they often go hand-in-hand: "Desperate / attempts to be an entire cosmos, / in order to embody / its acosmicality!" This is a poet whose deepest feelings coincide with his deepest thinking, and he presents both as directly as possible. In a poem written around his daughter's birth, he can see in that event the birth of an entire world: "I picture the world as sutures, as wounds knitting. / As skull bones knitting together." Of course, he knows that the world includes poverty, that the thrust of history includes not just the rise but the fall of empires. His acknowledgment of these darknesses makes the tender parental gesture more honest, more powerful. For Komelj, intimate moments are never isolated from a broader political awareness; that divide, like the one between history and the present, and the one between thinking and feeling, has no place in Komelj's poetics. By rejecting these conventional binaries, his poems can sometimes become uncomfortable. But manifesting a certain amount of discomfort, a certain struggle with the text in all its complexity, is central to Komelj's project, and we wanted to honor that in our translation.

Komelj agreed with this impulse, explicitly rejecting the idea of footnoting one of his many allusions. "I use many cultural references in my poems," he said, "but in a way that knowing their meaning is not unconditionally required from the reader." Nevertheless, where unavoidable cultural or linguistic differences have obscured something that is more available to Slovenian readers, we have included notes in the back.

When deciding what merited a note, we considered certain elements of Slovenian life and history to be particularly important: As part of Yugoslavia, Slovenia was aligned with the Soviet Union from 1945 until Tito initiated Yugoslavia's policy of non-alignment after 1948. After achieving independence in 1991, Slovenia joined NATO in 2004 and became the first former-socialist country to adopt the euro in 2007. Slovenians are heirs to culture and influences from both Western and Eastern Europe, and they are among the most multi-lingual people in Europe. (To go "out of town" for the weekend, for many Slovenians, means leaving their 8,000-square-mile country.) A long history of being engulfed in a larger political system has left Slovenia with a singular appreciation for its poets, and an exceptional awareness of its poetic heritage, as their language was often what united Slovenians as a distinct people within that larger system. With these facts in mind, we tried to err on the side of letting the poems speak for themselves. The notes we did include are presented with Komelj's permission, and we hope they straddle line between unobtrusive and illuminating.

* * *

Hipodrom is Komelj's fourth book of poems. He published his first, *Luč delfina*, when he was only seventeen. He has published eight collections of poems to date, and his work has been anthologized regularly. Despite winning numerous awards, he is an outsider to the Slovenian poetry scene, choosing to associate with few other Slovenian poets. Instead, he spends his time translating poetry from Portuguese, Spanish, Italian, Russian, German, and English; writing articles and essays on art history and theory; curating exhibits at the Museum of Modern Art in Ljubljana; and writing and translating children's books. His investment in Slovenian culture takes a long view, eschewing the up-to-the-moment intrigues of the contemporary poetry world in favor of a deep, personal engagement with his culture's language and art. The author photo for *Hipodrom* is a line-drawn *avtoportret* that stares mysteriously and playfully out at the reader. It's the face of someone who has just heard a joke and is considering taking it seriously.

I hope that the pleasure we took in bringing this book into English is palpable, and that our efforts here will prove to be a worthy beginning for the Anglophone world's embrace of this extraordinary poet.

Athens, Georgia
June 2013

Boris Gregoric

Where this book succeeds is in finding a voice in English for the poet Komelj. A lucky fully idiomatic equivalent for the flowing, vibrant Slovene language of the author without, to my sensibility, losing any of its original excellence.

Where this book might not succeed, and I am of the belief that translation, like writing itself, is never quite complete (no matter the number of drafts and revisions)—along Valéry's lines who famously said "poems are never finished, only abandoned"—is the wealth of local cultural, historical or political references. These abound in the manuscript and might somewhat impede the proper reception. It is perhaps an Achilles heel to many a writer, particularly in Europe and of the older, Modernist guard, with whom Komelj has such an enviable familiarity. But, perhaps it is necessary for a quality poet to weave the erudite and the learned into the labyrinthine makings of a new (as if) modernist poem.

Translating with my creative partner Dan Rosenberg turned into a marvelous work-in-progress that we both, when we started with the autonomous Slovene learning course, never quite dreamed of having *completed*. Dan always proved to be a wonderfully persuasive partner, possessing a quicksilver mind with whom every translating problem, and there were surprisingly few, would be solved almost in a clockwork fashion.

In hope that our *Hippodrome* in its English guise might swiftly succeed in finding the receptive audience.

Zagreb
June, 2013

HIPPODROME

HIPODROM

Deske ograd so nagrizene,
tla ponekod razkopana z nemirnejšimi koraki.
Edini zapisi o nekem uporu.

Tristo let star rokopis, pozabljen, nekdo je skandiral
verze ob smrti dirkalnega konja:»Baggiano—
generoso destrier—hitrejši kakor puščica—
kot Pegaz—izziva veter—draži bliske—
morto è Bagiano—bakle v očeh—vojaško srce—
ubil se je s skokom—zlomil si je hrbtenico—
še isti trenutek ponudil hrbet bogovom—
vleče kvadrigo Sonca . . .«—Zatohla norost
perfidne retorike ne zakrije
strašne, neme podobe:
konja, ki nemo drvi mimo v galopu.

Električni sunki, poviti v gazo.
Ne premočni—da ne razdražijo.
Polži, ki prečkajo v množicah
kasaško progo ob stalnih urah,
preden je dan, ki jo zasuje s kopiti.
Kanje sedijo na belih drogovih, zadrtih v zemljo,
pozimi v sneg.

—Mama, ali ne gledajo
konji oblačkov?
Obupanost! Ki je nimam pravice nikomur
pripisati. To je ne zmanjša.
To jo veča. Ko se vpisuje v podobo
moči in lahkotnosti,
v emblem svobode.

2

HIPPODROME

The fence planks are all chewed up,
the grounds pitted with uneasy footprints.
The only records of resistance.

A forgotten three-hundred-year-old manuscript: someone chanted
verses upon the death of a racehorse: "Baggiano—
generoso destrier—faster than an arrow—
like Pegasus—he trumps the wind—taunts lightning—
morto è Bagiano—torches in his eyes—a soldier's heart—
he killed himself with a leap—broke his spine—
offered his back to the gods—
now he pulls the chariot of the Sun . . ."—The stale madness
of treacherous rhetoric cannot hide
the terrible, silent figure:
a horse who silently flies by in a gallop.

Electric pulses wrapped in gauze.
Not too strong—so as not to irritate.
Crowds of snails cross
the track at regular hours,
before daybreak blankets it with hooves.
Buzzards perch on white poles drilled into the ground.
In winter, into the snow.

—Mama, don't the horses look
at little clouds too?
O despair! Which I have no right to ascribe
to anyone. But that does not diminish it.
That makes it grow. As it writes itself into a figure
of power and grace,
into an emblem of freedom.

3

—Si kdaj videl svobodnega konja?
—Si videl nesvobodnega?
—Si videl svobodnega?

Ni sheme, ki bi tukaj
karkoli priznala.
Večni zdrsi kopit.
Upor, nerazločljiv od pleas.
Ki se ne vpisujejo nikamor.
Zapisi, ki se ne vpisujejo nikamor.
Krogi, neskončni krogi.
Aktiviranje krčev bega v dresuri.
Smrtna izčrpanost.
Skozi zrak šine brez teže telo, težko 500 kg.
Dva fanta se pogovarjata v baru:
—Vsi konji, ki so zmagali na derbijih—
Nikjer več jih ni bilo . . .

Muhe, ki lezejo po robovih ogromnih oči
in v rano pod belo liso na čelu.
Konji, ki niso več isti.
Pogovori ljudi med seboj:
zehanje, omedlevanje.
Voda, ki teče iz gumijastih cevi
po nedosegljivih nogah, ki se prestopajo,
po hrbtih, ki v čudnem miru divje trzajo,
se umakne pred očmi. Obredne kletve. Sadizem prijateljstev.
Blaženo, prestreljeno strmenje otrok.

—Have you ever seen a free horse?
—Have you seen an unfree one?
—Have you seen a free one?

There is no plan to acknowledge
anything else.
The eternal skidding of hooves.
Resistance, inseparable from dance.
Which is recorded nowhere.
Evidence, which is recorded nowhere.
Circles, endless circles.
Cramps from sprinting begin in dressage.
Deadly tiredness.
A body bolts through the air, weightless, weighing 500 kg.
Two guys talk in a bar:
—All the horses that won the races—
They haven't been seen since . . .

Flies crawl around the edges of enormous eyes
and into a cut under the forehead's white blaze.
Horses are not the same anymore.
People talking among themselves:
yawning, fainting.
Water, which runs from rubber hoses
over the unreachable legs stepping high,
over the backs, strangely calm, twitching wildly,
retreats before the eyes. Ritual curses. The sadism of friendships.
The blessed, stunned staring of children.

★ ★ ★

Geste,
s katerimi se ohranja dostojanstvo
na robu razpada.

Vse dostojanstvo je v njih.
Če sem od njih pretresen, ganjen,
jih s tem v sebi zapiram

v drhteče črevesje pekla.
S tem, da so v bistvu grobe, vulgarne,
se rešujejo.

Niso grobe. Niso vulgarne.
To so nesrečne geste,
s katerimi se ohranja dostojanstvo

na robu razpada!

* * *

Gestures,
with which dignity is preserved
on the verge of falling apart.

All the dignity is within them.
If I am shaken, touched by them,
then I am locking them within

the trembling intestines of hell.
Then they are essentially crass, vulgar,
they save themselves.

They are not crass. They are not vulgar.
These are unhappy gestures,
with which dignity is preserved

on the verge of falling apart!

VLAŽNE ULICE

Kakor nekdo, ki je veliko izgubil—

in ljudje, v ritualih,
tako mirnih—in strašnih—in skritih,
da prinese direktno razgaljenje
nekaj distance, olajšanja.

Ki te rituale
ves čas generira.

Hitenje, drhtenje zakrivanja
tega, kar se razkriva,
s tem, kar se razkriva.

Tudi strganje maske z obraza
je eden od predvidljivih
gibov ravnanja z masko.

Nepredvidljiva očetova
roka je zamašila usta Izaka.
Tako se hodi po ulicah.

                         Obupna
poskušanja, biti ves kozmos,
da se telesno pokaže
njegova akozmičnost!

THE WET STREETS

Like someone who has suffered a great loss—

and people, in rituals,
so serene—and terrible—and hidden,
that direct exposure brings
some distance, some relief.

Which always creates
those rituals.

The haste and shudder, the concealing
of what is being revealed
with what is being revealed.

And tearing a mask from a face
is one of the predictable
actions when handling a mask.

The unpredictable father's
hand clamped down on Isaac's mouth.
That's how to walk down the streets.

                    Desperate
attempts to be an entire cosmos,
in order to embody
its acosmicality!

ZNOVA NAJDENA VEČNOST

Spominski podobi tega človeka
se je nenadoma spet pridružil
njegov vonj!

Sam (nad veliko betonsko ploščadjo,
na kateri od časa do časa
leži droben odrezan krempelj,
del rilca, uho ali kaj drugega).

Joj, od koncepta prihodnosti
je odvisno, od kod prohaja—
ali je še njegov—
ali je že njegov—
ali je neko pismo
od daleč.

Zgornja in spodnja ustnica
sta se v grozi začeli poljubljati.

Ne od osebnih spominov—odvisno je
od korakov, ki se ne vračajo,
odvisno od tega
vonja.

REDISCOVERED ETERNITY

The memory of that man's image
was suddenly rejoined
by his scent!

Alone (above the huge concrete block
on which, from time to time,
lies a tiny clipped claw,
part of a snout, an ear or something else).

Alas, from the idea of the future,
it depends on where it comes from—
or is it still his—
or is it already his—
or is it some letter
from afar.

The upper and lower lips
have begun to kiss each other in dread.

Not on personal memories—it depends
on steps that don't return,
it depends on that
scent.

★ ★ ★

Il pleut.
Que ce libre soit donc d'abord un livre sur la simple pluie.

Louis Althusser

Da se rodiš v času,
v katerem ne živiš
več:

ta prelom tvoje edino
življenje
posveča prihodnosti,

kot je posvečen
prihodnosti
dež,

ki pada,
pada,
pada.

* * *

Il pleut.
Que ce libre soit donc d'abord un livre sur la simple pluie.
Louis Althusser

To be born in times
in which you no longer
live:

this breach dedicates your only
life
to the future,

as dedicated
to the future
is the rain,

which falls,
falls,
falls.

★ ★ ★

Čas pred svetom . . . Neizmerno dejanje,
v pričevanjih ljudi sesutje,
skozi daljave
odbij osebno sočutje,

ko se te skuša z njim
ali z osebno norostjo
poistovetiti—ustaviti—
oviti skrivnostnim molkom!

Svojo skrivnost je Nietzsche
zaupal le enemu spominu—
da je srečal to bitje!—
konju v Torinu.

Ki je na trgu drhtel
od udarcev in stal, stal, stal.
Nekdo ga je v solzah objel
in se zrušil ob njem na tla.

Nobenega sporočila
se ni pustilo razbrati v tej gesti.
Za konji so se vlekla vozila.
Neki konj bo obležal na cesti—

in ko se je mali Hans
ves zgrozil, kako je mogoče,
je zaslišal rotenje: »metafora—
oče.«

★ ★ ★

The time before the world . . . Immeasurable action,
which people call collapsing:
over such a distance
you reject personal compassion

when they try to identify you
with such compassion, or some
private madness—stop—wrap
it in a mysterious silence!

Nietzsche confided his secret
to a single memory—
he had met that being!—
the horse in Turin.

Trembled in the square
from the lashes and stood, stood, stood.
Someone embraced him in tears
and collapsed to the ground at his side.

There was no message
to be read in that gesture.
Behind each horse a carriage crawled.
A horse lay beside the road—

and when little Hans
was completely terrified, how is it possible,
he heard this plea: "a metaphor—
a father."

Rosa Luxemburg je pisala iz ječe:
»Imam občutek, da sem ptič ali druga žival
v neuspeli človeški
podobi.« Jure Detela

je šel in pred jutrom odpiral
ujetim živalim kletke—
ga je vodila
»revolucionarna ljubezen«?

Je pred tem zadrhtela
(podtaknjeni repertoar
gest je laž) v dejanju jelena?
. . . trasumanar . . .

Glas, puhteč skozi mokro dlako—
ki se je nihče ne dotika.—
In tam, kjer je vse izkričano,
ostraja neprevpita

strašna želja vmesnih
bitij med vrstami—
in beli lasje morskih deklic,
boleče ostriženi.

Rosa Luxemburg wrote from jail:
"I feel like a bird or some other animal
in an unsuccessful human
guise." Jure Detela

went and before the morning broke
he'd opened the animals' cages—
was he guided by
"revolutionary love"?

And did this love (this slipped-in
repertoire of gestures is a lie)
tremble like a stag before him?
. . . trasumanar . . .

A voice, steaming through wet fur—
which no one touches.—
And there, where everything is shouted out,
what is not shouted down

is the terrible wish of those beings
between species—
and the white hair of mermaids,
painfully shorn.

★ ★ ★

Svet si predstavljam kot šive, kot zraščenje.
Kot zraščenje lobanjskih kosti.
Ti se na svet rodiš brez sveta
z vsemi plastmi sveta,
ki ga ni. Ni neprehodnosti.
Ni hoje? Ni neprehodnosti.

Kako zdržiš,
da postane vsa tvoja davna preteklost
bližja od prejšnjega hipa?
Vsa naša davna preteklost, ki ne seže
tako daleč kot tvoj prejšnji hip.

(Pri tem se pogled na blokovsko naselje
transformira v predstavo neke srhljive antike
enako popolno in hitro kot davni templji
in obkroža jo srh menjavanja ljudstev.)

★ ★ ★

I picture the world as sutures, as wounds knitting.
As skull bones knitting together.
You are born into the world without a world,
with all the layers of a world
that isn't there. No impassibility.
No walking? No impassibility.

How can you bear
your distant past being closer
than the most recent moment?
Our distant past doesn't reach back
as far as your most recent moment.

(With all that, a glance at the tenements
becomes a performance of some thrilling antiquity,
as full and fast as ancient temples,
and surrounds it with the thrill of peoples rising and falling.)

ZRAKU

Navajen na drhtenje zraka
od avionov,
ki bodo vrgli bombe
(drugam)—
*kljub gnusu, kljub joku
navajen*—
tako *hitro* navajen—
navajen tudi na gnus in jok—

> *Hočem drhteti drugače, kot drhti ta zrak,
> a drhtim enako.*

Zrak! Še s svojimi kriki
samo povzročam,
da drhtiš—
še s svojimi kriki
te samo izganjam—
samo še s svojim telesom
dajem prostor
tebi. *Kako drhtiš!*

> *Hočem drhteti drguače, kot drhtiš ti,
> a drhtim enako.*

TO AIR

Used to the air's trembling
from airplanes,
which will drop bombs
(elsewhere)—
despite revulsion, despite weeping,
used to—
so *quickly* used to—
and used to revulsion and weeping as well—

> *I want to tremble differently from how this air trembles,*
> *yet I tremble the same.*

Air! Even with my cries
I can only make you
tremble—
even with my cries
I can only expel you—
but with my body
I still offer space
to you. *How you tremble!*

> *I want to tremble differently from how you tremble,*
> *yet I tremble the same.*

HIBERNACIJA

Sneg vseh let.
Pada, pada vse nebo.
Pod skorjami,
pod lubji, pod podpalubji,
pod črkami na brezovem lubju,
pod odvrženimi plastmi,
v stikih razpoke z razpoko
od časa do časa,
od veka do veka
premik krilc.
Drhtljaj srca.
Trrr, trrr, trrr.
Trrr, trrr, trrr.

Zunaj
odpiranje in zapiranje
nekih prebledelih oči,
ki bi vse druge oči,
ko bi ga videle,
navdalo z grozo,
ker se tako neprikrito
neskončno dolgo
ponavlja. (Veke! Veke!)
Trrr, trrr, trrr.
Da nobena metafora
ne more ostati
samo metafora.

Celo od izmišljenih
ljudi, ki nikoli
niso imeli živega telesa,

HIBERNATION

Snow all these years.
Falling, the entire sky is falling.
Under an outer bark,
under an inner bark, under ships' hulls,
under the letters of the birch tree's bark,
under the discarded layers,
when one crack touches another
from time to time
from century to century
tiny wings move.
One heart's trembling.
Trrr, trrr, trrr.
Trrr, trrr, trrr.

Outside,
the opening and closing
of some paling eyes
would fill all other eyes
with horror
if they saw it,
because it so shamelessly,
endlessly
repeats itself. (Eyelids and centuries!)
Trrr, trrr, trrr.
So no metaphor
remains
only a metaphor.

Even from fictional
people, who never
had living bodies,

so ostale kosti, relikvije.
In če je pisalo:»Ti nismo razprli prsi . . . ?«
—je to za nazaj zprožilo dogodek:
angeli, ki Preroku raztrgajo prsni koš
in mu drgnejo srce s snegom
z zanosom otrok,
ki na poti iz šole
podrejo sošolca v sneg in ga drgnejo s snegom.
Mrmranje čudnega mistika,
ki ga postane sram:

»Kaj mi hočejo prikriti
vsa ta razodetja?
Kdo bi me rad podkupil s tem,
kar je moj notranji zaklad?«
Nekdo drug:»In kaj hoče ta košček mesa,
s katerim se misel prisesa
na drugo misel,
to prosojno meso te misli,
ta kockica tega mesa te misli
čisto na robu te misli, ko jo uničuje,
ta košček, ki ga s tem mislim
in je tisto, s čimer ga mislim?«
Itd. itd.

Dovolj.
Na fosilnih kosteh fosilni
iztrebki hijen.
Na njih skale.
Na njih sneg.
Nekdo si vso pot skozi sneg šepeta:
»Zavedi, zavedi se svoje moči!«
In če se s prstom pritisne na rob

the bones remain, the relics.
And if it is written: "Didn't we pry open your chest . . . ?"
—this, in retrospect, triggered an event:
The angels tear into the chest of their Prophet
and rub snow into his heart
with the giddiness of children
who, heading home from school,
tackle their schoolmate into the snow and rub his face in it.
The murmur of a strange mystic
growing ashamed:

"What are all these revelations
hiding from me?
Who would like to bribe me
with my own inner treasure?"
Someone else: "And what does this bit of flesh,
where one thought sticks onto
another thought, want—
the transparent flesh of that thought,
the tiny cube of that thought's flesh,
clearly on the edge of the thought, which it destroys,
that bit, that I am thinking it with,
and is what I think it with?"
Etc. etc.

Enough.
On top of fossilized bones, the fossilized
droppings of hyenas.
On them, stones.
On them, snow.
Someone whispers to himself along the path through the snow:
"Realize, realize your power!"
And to press on the edge

očesnega zrkla,
se svet podvoji.
In če so izbruhi na Soncu premočni,
se razlije do sem
polarni sij.

Sneg vseh let.
Pada, pada vse nebo!

of your eyeball with a finger,
doubles the world.
And if the sunbursts are too powerful,
the aurora borealis
spills down to here.

Snow all these years.
Falling, the entire sky is falling!

★ ★ ★

[. . .] als man glaubte, sagen zu dürfen, was man wollte, war es das,
was die *neuen* Tyrannen wollten, und die hatten nichts zu sagen.
Bertolt Brecht, iz dnevnika, 7.7.1920

Govorjenje, ki ga slišim,
je oblika afazije—
ne boja z njo—le prikritja
njene magične prisile.
Skoz okna molijo glave
in gledajo, kako gnije
na pločniku neki sadež,
na katerega ne sije
nič razen njegove lastne
trepetajoče oblike.
Kakor da je na njem vrsta,
da spregovori, zavpije.
Kot da se spreminja v glavo,
prekrhko za svojo misel.

Kot da se spreminja.

Žvenket ničesar—smrčanje—
prerokovanje—prevpitje—
pregovor—premolk—predori—
patos prerazporeditve—
loputanje mrtvih oken—
dovzetnost za mrtve mite—
žvenket orožja—posode—
»ta sadež—plesnive pike«
(se nekdo v grozi oglaša)—
»ta sadež—te bele lise—
stopil sem nanj in iz mene

28

[. . .] als man glaubte, sagen zu dürfen, was man wollte, war es das,
was die *neuen* Tyrannen wollten, und die hatten nichts zu sagen.
Bertolt Brecht, from his journal, 7.7.1920

The speech that I hear
is a form of aphasia—
not the struggle against it—just the covering up
of its mysterious coercion.
They poke their heads out the windows
and watch how a piece of fruit
rots on the sidewalk,
how nothing shines on it
except its own
flickering shape.
As if its turn has come
to talk, to shout.
As if it is changing into a head
too fragile for its own thoughts.

As if it is changing.

The rattling of nothing—the snoring—
the fortune-telling—the shouting—
the proverb—the pause—the openings—
the pathos of rearranging—
the slamming of dead shutters—
the susceptibility to dead myths—
the rattling of weapons—of dishes—
"that fruit—spots of mold"
(someone cries out in terror)—
"that fruit—those white blotches—
I stepped on it and the strange sounds

se kot od kače med listjem
izvijajo tuji šumi
sveta—z odkritim nasiljem«.

Kot da se spreminja.

Fašizem skuša po kosih
zamenjati svet z Ničimer—
da ga ne bi bilo treba
spremeniti— —skoz odtise
prstov padajo pogledi,
ki razžirajo dotike— —
. . . ne sadež—človeška glava . . . — —
tukaj ta pesem utihne.

of the world spiraled from me,
like from a snake in the leaves—
with all their violence revealed."

As if it is changing.

Fascism attempts, piece by piece,
to replace the world with Nothing—
so that it should not be
changed— —glances fall
through fingerprints, corroding
all contact— —
. . . not a fruit—a human head . . . — —
here that song goes silent.

★ ★ ★

—Zakaj si njegovi fotografiji s šivanko
                    prebodel oči?
—Če jo zdaj pridržim proti svetlobi, zažarijo,
                    kot da je še živ.

* * *

—Why did you pierce his picture through the eyes
                        with a needle?
—Now if I hold it to the light, they glow
                        as if he were still alive.

NETOPIR NOČE MOLČATI

(za Unico Zürn)

Čoln noče te poti.
Noč. Oči peče ta lina,
trn, lom pen pači nemo čelo.
In motor tone.
Očita.
Ropota. Topota. Toneč tolče.
Mir.
In čolnič noče te lepote
niča.
Mir.
Miiirr.
Netopir: Nočem
molčati.

THE BAT WON'T SHUT ITS TRAP

(for Unica Zürn)

The boat don't like that tack.
The night. That porthole hurts the eyes,
a thorn, foam breaks, makes faces on a silent forehead.
And a motor sinks.
Grumbles.
Rattles. Clatters. Sinks and cracks.
Peace.
And the baby boat don't want that trifling
beauty.
Peace.
Peeeace.
The bat: I won't shut
my trap.

ZDAVNAJ OBLJUBLJENA (VMES VEČKRAT UNIČENA) PESEM

Šum
petnajstletnega
dežja.
Petnajst let
sem poskušal.
Kaj?

Šele zdaj,
ko sem nehal
koketirati
z norostjo,
vidim, kako blizu norosti
sem bil ves ta čas.

Ne odpovedujem se ji,
da bi se umaknil pred njo
(kot da bi se lahko); borim se
z njo, da ne bi bila
izadana;
da me ne bi paralizirala.

Kot da sem ves čas poskušal
z nevrotično simulacijo
starčevskega tresenja rok
onemogočiti
rojstvo neke
črte. (Morda neke črte dežja.)

THE LONG-PROMISED (BUT DESTROYED SEVERAL TIMES) POEM

The sound
of fifteen-year-old
rain.
For fifteen years
I've been trying.
What?

Only now,
when I quit
flirting
with madness,
do I see how close to madness
I have been all this time.

I am not renouncing it
in order to flee from it
(as if I could); I struggle
with it, so it won't be
betrayed;
so it won't paralyze me.

As if I had been trying all this time
with my neurotic imitations
of an old man's trembling hands
to prevent
the birth of a
line. (Perhaps a line of rain.)

Ne. *Ves čas sem poskušal*
nekaj popolnoma
drugega.
Granitne kocke
se svetijo v nočnem
dežju.

(Še zmeraj jih je mogoče
izkopati, izruvati
in zalučati,
ne da bi pri tem spremenile
svoj mirni kamniti
izraz.)

Polne
drugo ob drugo
udarjajočih,
škrtajočih
črnih
sonc.

(Po njih hodimo,
kot da ne morejo
nič. Kot da
ne moremo nič.
Petnajst let . . .
Kolektivna norost?)

Kako so se v trepetavo
otroško pisavo
(ki je posnemala pisavo
nekoga, ki je umiral),
ki sem jo skrbno skrival pred
vsemi,

No. *I was always trying*
something completely
different.
Cobblestones
glisten at night
in the rain.

(It is still possible
to dig them up, to tear them out
and hurl them,
not that they would change
their serene, stony expressions
if you did.)

Full of
black
suns,
scraping,
breaking,
side by side.

(We walk on them
as if they cannot do
anything. As if
we cannot do anything.
Fifteen years . . .
Collective madness?)

How did phrases
from the daily press (?) or from television (?),
unrecognizable (even to me),
stick themselves into
the unsteady scrawl of a child
(which looked like the scrawl

kot moje tihe skrivnosti
zarivale fraze
iz sprotnega dnevnega tiska (?) ali s televizije (?),
(tudi meni) neprepoznavne,
ker sem jih avtomatično transponiral
nekaj nebesnih sfer više!

Ves čas sem poskušal
nekaj popolnoma drugega.
Čigava moja ekstaza
mi je zakovala
kovino obraza
v brezizraznost?

(Kakšne čudovite
barve
so se zaredile
no pozabljenem
pokvarjenem
koščku mesa!

Koščku sveta.
In te stare
granitne kocke
je v predpotopni davnini
izbruhnil neki
vulkan.)

Kako je novo odkritje
svetosti
ponižno, ponižno
služilo
legitimaciji restavracije
Svetooosti Privatne Lastnine!

of someone dying),
which I carefully hid from
everyone, like my secrets,
unrecognizable phrases because
I had elevated them
several heavenly spheres higher!

I was always trying
something completely different.
Which of my ecstasies
hammered the metal
of my face
into blankness?

(What marvelous
colors
infested
the forgotten
spoiled
piece of meat!

A piece of the world.
And these old
cobblestones
erupted
from a volcano
at the dawn of time.)

How did the new discovery
of holiness
humbly, humbly
serve
to restore the status
of Hoooly Private Property!

Kako so drobtine
mističnih aklimističnih
metafor
v kultne okultne verze
pripršile z novo-
ustanovljene borze!

Kako so angeli
prifrfotali,
da bi bili bolj
opaženi
kakor vojaška
letala!

Ves čas sem poskušal
nekaj popolnoma
drugega.
In kaj
je zato
drugače?

O
kako je vsaka
neuporabnost kot taka
(četudi marginalizirana)
vedno že (še kako)
uporabljena!

Tista nedotaknjenost, tista
absolutna
nedolžnost eksistence,
na katero sem ves čas
poskušal
pokazati,

How did these fragments
of mystical, alchemical
metaphors
drift into cultish, mysterious
verses from the newly-
formed stock exchange!

How could angels
flutter in,
more easily
seen
than military
aircraft!

I was always trying
something completely
different.
And what
has that
changed?

O
How is each
uselessness, as such,
(though marginalized)
always (and how)
put to use!

All this time
I've been trying to show
that inaccessibility, that
absolute
innocence
of existence,

se s to zavestjo
šele začenja.
Ni je v nobeni pomiritvi.
(Miru
ni v nobeni pomiritvi.)
Zadrhti

šele v hipu, ki pretrega vezi
s svojo lastno inercijo . . .
(Hoja mačke sredi noči:
kakšna
pripravljenost
na vesolje!

Kakšna težka
ločitev
od »naravnega toka stvari«!
Kakšna lahka
hoja!
Kakšne oči!)

Tudi dež
je na *tej*
strani.
Ne popusti.
Ne popusti.
Ne popusti.

Osramočen sem. To mi daje moč,
da je moja rdečica
rdeča.
Do vsega drugega
moram priti
sam.

begins only with
that awareness of its use.
It is not to be found in any reconciliation.
(There is
no peace in reconciliation.)
It trembles

only for an instant, when it breaks the bond
of its own inertia . . .
(A cat strolling in the middle of the night:
what
readiness
for the universe!

What a difficult
separation
from "the natural order of things"!
What a nimble
walk!
What eyes!)

Even rain
is on *this*
side.
It doesn't give up.
doesn't give up.
doesn't give up.

I was shamed. It gave me power:
I blush
red.
Everything else
I must figure out
myself.

(Da kot nor naročam
temu dežju,
naj te
váruje,
váruje,
váruje.)

(And like a madman
I order this rain
to keep you
protected,
protected,
protected.)

VERZI DEZERTERJA

Nekdo pokliče moje
ime.
Nič v meni
se ne
odzove.
Ni se mi treba pretvarjati niti,
da nisem slišal.
Ni se mi treba pretvarjati niti,
da nimam imena.
Ni mi treba vzpostaviti niti notranje distance,
ne kritične ne nekritične.
Niti . . .
Ni me treba niti iskati.
Dlje sem. Zapustil sem tudi podobo
človeka s tem samogovorom.

A DESERTER'S VERSES

Someone calls my
name.
Nothing in me
responds.
I don't even have to pretend
that I haven't heard.
I don't even have to pretend
that I don't have a name.
I don't even have to keep my distance,
neither critical nor uncritical.
I don't . . .
I don't even need to be looked for.
I am farther. I've even abandoned
looking like someone
who would give this speech.

★ ★ ★

Ne glede na to, da me ni:
za oči, ki me gledajo očitajoče
ali ljubeče
ali obupano,
in za oči, ki me ne vidijo
in zrejo očitajoče
ali ljubeče
ali obupano,
ni to nobena resnica.

Konji pustijo,
da jih pobožam,
in medtem gledajo
v svoje smeri.
Ko se zaustavijo,
da jih pobožam,
je to del njihovega
sproščenega, mučnega bega
pred mano.

Ta beg—
neke roke—
ki odmotavajo drobne strupene žice—
med katere so zapletene
srebrne dlake goril—kri—
ki se izlije
iz pritisnjenih številk—
s katerimi me nekdo kliče—
ne glede na to, da me ni!

* * *

Even though I do not exist:
it is not at all true
for the eyes that watch me in judgment
with love
or with despair,
and for the eyes that do not see me
and stare in judgment
with love
or despair.

The horses let
me pet them
while they stare
into the distance.
When they pause
for me to pet them,
that pause becomes part of their
calm, tortured escape
from me.

This escape—
of a hand—
unraveling tiny, poisonous wires—
wrapped in the silver hair
of gorillas—blood—
spilling out
from the depressed telephone pad—
someone is using to call me—
even though I do not exist!

Ne glede na to, da me ni.
Za oči, ki me gledajo s čistim prezirom,
to ne pomeni nič.
Možnost resničnega poguma:
pogum absolutnega prikritja:
da ne prizam
svojega paničnega strahu,
svoje inercije . . . ; da delujem
ne glede na to, da me ni.

Kam bi se rad zapletel s tem prikrivanjem,
ki je neko drhteče priznanje,
ki je prikrivanje?
Naj me ne ustavi.
Ne glede na to, da me ni.
Prah pada z mojih misli,
pada v praznino.
Neko tkivo se vleče za mano kilometre daleč.
Nepretrgano.

Daljava, obleka, zvijače stare skilarske tradicije
mi dajejo poteze ljudi.
In jih puščajo v tujih spominih.
Da se ne morejo spremeniti
brez spremembe sveta.
Iz temelja.
Kaj sem dočakal!
Da je vsa, vsa Prihodnost brutalno zasmehovana
kot dokončno pripadajoča Preteklosti . . .

Temu se upiram
ne glede na to, da me ni.
S katerimi bitji sem povezan

Even though I do not exist.
That means nothing
to the eyes that watch me scornfully.
The possibility of true courage:
the courage of absolute concealment:
so I don't betray
my panic, fear,
my inertia . . . ; so I act
despite the fact that I do not exist.

Where in this tangle am I trying to hide
with this mere trembling admission,
which is itself a hiding?
Don't let that stop me.
Even though I do not exist.
The dust is falling from my thoughts,
falling into the void.
Human tissue drags behind me for kilometers.
Unbroken.

Distance, clothes, the tricks of an old, painterly tradition
offer me the broad strokes of humanity.
And they leave these strokes in the memories of others.
So they can't be changed
without changing the world.
From the ground up.
What have I lived to see!
That all, all the Future is brutally mocked
as if it ultimately belongs to the Past . . .

I resent that,
even though I do not exist.
What creatures am I tied to,

kot absolutno ločen od njih?
Ljudem sem poskušal podtakniti
svojo človeškost.
In ljudje je niso sprejeli.
Živalim sem hotel podtakniti
svojo živalskost.

In živali je niso sprejele.
In to mi daje
neko upanje.
In ločenost tudi mene
postavlja v kontekst
neke množice.
Ne glede na to, da me ni.
Ne glede na to, da me ni.
Brez oziranja na to, da me ni.

while staying absolutely separate?
I tried to slip my humanity into
the world of humans.
And the people received me not.
I tried to slip my beastliness into
the world of beasts

And the beasts received me not.
And this gives me
hope.
And this separation places
even me into the context
of a multitude.
Even though I do not exist.
Even though I do not exist.
Despite the fact that I do not exist.

* * *

Čelo, ki nanj pade snežinka,
      se zanjo spremeni
         v razbeljeno steno peči.
V črni, sivi in beli barvi pepela
ne morem odkriti barve, ki je zgorela.
Daljno in temno notranjost telesa
      od zunaj pretresa povezanost
         rdeče in krivi.

* * *

A snowflake falls on a forehead, which
             changes
                    into the white-hot side of a stove.
In the black, gray, and white colors of the ash,
I can't find the color that has burned away.
The dark and distant interior of the body
                    shaken by the bonds
                          of red and blood.

* * *

mavrica v zadnjem trenutku,
ko se zvečer
še lahko pojavi:
komaj zaznavna
nova rožnata sled
v izginjajočem nebu

* * *

in the last moment
of evening
a rainbow might still appear:
barely visible,
a new trace of pink
in the dying sky

OBISK

Nedvomno: nekatere podobe
zdaj z lahkoto
identificiram.

Tisti fragmenti skrivnostnih neznanih pokrajin in stavb,
ki so v sanjah in ekstatičnih prebliskih markirali
skranje meje daljav—začetke
brezmejnosti—v srhljivi svetlobi
še nikoli
videnega:

ko hodim okrog monstruozne hiše,
v kateri sem preživel otroštvo,
jih nenadoma tu prepoznam: nedvomno: *teh* nekaj dreves—
okrog travnik—zadaj neskončen
košček ceste—
in pogled v podzemsko pralnico skozi šipo
in skozi ivje iz cufk in posušene pene—
in športna slačilnica, iz katere
so grozili govoreči volkovi . . .

To.

To?

Ta hiša—drevesa—cesta—travnik—pralnica—
slačilnica—šele zdaj vidim...
Šele zdaj vidim, da se jih *ne* spominjam.
Šele zdaj vidim . . . Kako bi lahko ta drevesa
en sam trenutek živela

THE VISIT

Doubtless: now I can identify
certain images
with ease.

The fragments of mysterious, unknown regions and dwellings
which marked the most distant borders
in dreams and ecstatic flashes—the beginnings of
infinity—in the thrilling light
of something never
seen before:

when I walk around the monstrous house
where I spent my childhood,
suddenly I recognize them: doubtless: *those* few trees—
a round lawn—in the back, the endless
little stretch of road—
and a peek through the window pane into the basement laundry,
through the frostlike fluff and dried foam—
and the locker room from which
talking wolves threaten . . .

That.

That?

That house—trees—road—lawn—laundry—
locker room—only now I can see . . .
Only now I can see that I do *not* remember them.
Only now I can see . . . How could those trees
last even for an instant

brez brezmejnih daljav, ki se vežejo nanja
(in ki niso *onkraj*
njih)?
Kako sem lahko o nekem otroštvu govoril,
da je bilo
moje?
Šele zdaj vidim . . . Koliko časov
je v hrapavosti uboge stene,
ki je stena z daljnimi mesti, ki jih skriva!
(O Leonardove bitke v popljuvanem zidu!)
Ki ne skriva ničesar. *Amorosa visione*:
da te vidim takó, da vidim mravlje,
hiteče v neznanih smereh po drevesu.
Šele zdaj vidim . . . Kako se ob tem
vsak spomin
(in vsaka podoba)
razbije,
kot se razbije val ob skali!
Kaj pri tem
nastane?
Ko sem tu spočel željo, da bi postal žival—
komu
sem se s tem
pridružil?

    Govorim, kot je govoril
    umirajoči kentaver:
    Moje srce so nenehni
    streli—moja koža satje—
    moj spol je sprememba spola—
    moje delo so daljave—
    in nič od tega ni moje—
    in moje roke so prazne.

without the infinite distances associated with them
(and which are not *beyond*
them)?
How could I have spoken of such a childhood
as if it were
mine?
Only now I can see . . . How many hours
went into the rough skin of a pitiful rock,
which is a rock from distant places, which it hides!
(O Leonardo's battles on a spat-upon wall!)
Which hides nothing. *Amorosa visione*:
so I see you in this vision of ants
hurrying in unknown directions around a tree.
Only now I can see . . . How with all that
each memory
(and each creature)
breaks
like a wave breaks against a boulder!
What comes from
all this?
When up to now I've wanted to be a beast—
who
did I join with that
desire?

    I speak as the dying
    centaur spoke:
    My heart is the constant
    gunshots—my skin a honeycomb—
    my sex is a sex change—
    distances are my work—
    and none of it is mine—
    and my hands are empty.

PESEM O ZIDU, ZIDU

Kam? Kam!

Matej Bor, iz knige Previharimo viharje

Tukaj—kjer se ne pride
nikamor—tukaj
narediti korake—
kdor je kdaj pobožal človeška
ali živalska telesa,
ve, koliko dlje so—
kdor se je kdaj rodil, ve—
kdor se je zbudil sredi noči—
lasje ti plapolajo v zidu—
lasje ti plapolajo v zidu—
kdor se je rodil—
tukaj, kjer se ne pride
nikamor—tukaj
žonglirati z ognji—
tukaj, kjer se je važno
naučiti žonglirati
z ognji—

tukaj, kjer se je važno
naučiti—učiti. Vesela
vednost. »Vednost iz
besa.« (Pozdravljena!) Tukaj,
kjer so človeške besede
sproti zasipane s peskom—
tukaj, kjer se pesek
zlepljen, ubit poskuša obračati v zidu—
zlepljen, ubit poskuša obračati v zidu—
tukaj dihati—tukaj,
kjer je žeja po molku

POEM ABOUT A WALL, A WALL

> Where? Where!
> *Matej Bor, from his book* Out-Storming the Storms

Here—where you don't get
anywhere—to walk
here—
whoever has stroked a human
or beastly body
knows how distant they are—
whoever has been born knows—
whoever has woken up in the middle of the night—
your hair flutters within the wall—
your hair flutters within the wall—
whoever has been born—
here, where you don't get
anywhere—to spin
fire here—
here, where it is important
to learn how to spin
fire—

here, where it is important
to learn—to be learning. Happy
knowledge. "Knowledge from
anger." (I salute you!) Here,
where human words are
quickly buried in the sand—
here, where the sand
sticks together, dead, it tries to turn around within the wall—
sticks together, dead, it tries to turn around within the wall—
to breathe here—here
where the thirst for silence

ista kot žeja po govorici—
kjer je žeja po govorici
drugačna kot žeja po molku—
tukaj, kjer je skupno
tisto, kar ni
ničemur

enako.
Tukaj, kjer se ne pride
nikamor? Tukaj!

equals the thirst for speech—
where the thirst for speech
differs from the thirst for silence—
here, the one thing
held in common is that
nothing equals

anything else.
Here, where you do not get
anywhere? Here!

***

pogled iz priprtih smeti:
oranžni lasje, časopis in kruh,
brez povezav med sabo skupaj neki tuj
blodeč zadnji pogled

* * *

Staring from the trash pile:
a red hair, a magazine and bread,
without anything to tie them together, a foreign
roving final stare

★ ★ ★

Iz za hip opuščene ploskve
so takoj pognale rastline.

★ ★ ★

From the briefly fallow surface,
plants suddenly sprouted.

★ ★ ★

Med dve strani odprte knjige
je v vetru padlo krilo mušice.

* * *

Between the two pages of an open book
the wind drops a fly's wing.

★ ★ ★

Kdaj, kdaj natančno
se je iz kolektivne zavesti
tega mesta
izgubilo,
da dvakrat v letu
v strogi geometriji
nad njim
letijo
žerjavi?

★ ★ ★

When, when exactly
did the collective consciousness
of this town
forget that
overhead
twice a year
in strict formation
cranes
fly?

ČRNI KVADRAT

Zdaj se srečujemo,
kot se srečujejo
predmeti v smeteh.

Samo, kar lahko prebije
horizont
mogočega, je mogoče.

Premik roke je neločljiv
od bliskovitega zrušenja celih skladov
neba.

Da se dočaka jutro,
je neločljivo
od tega, da se naredi

jutro. Sonce od zmage nad Soncem.
Situacija,
v kateri je premik roke (*znova—še—šele zdaj zares*)

nepremakljiva črta Črnega kvadrata.

BLACK SQUARE

Now we meet,
like things in the trash
meet.

However, only what breaks
through the horizon
of the possible, is possible.

The movement of a hand is inseparable
from the quick collapse of entire layers
of the sky.

To survive until morning
is inseparable
from that which makes

morning. The sun from *Victory over the Sun*.
The situation,
when the movement of a hand (*again—still—just now truly*)

is an immovable line of the Black Square.

* * *

V tej visoki svetlobi
je obrabljenost
človeških predmetov

edina, ki daje
tem predmetom
njihovo nedotaknjenost:

njihovo človeško
nedotaknjenost.

* * *

In that bright light
the deterioration
of human objects

is the only thing
that gives them
their purity:

their human
purity.

★ ★ ★

Po dolgih letih
sem slišal ljudi peti
Internacionalo.

Niso znali celotnega besedila,
odpeli so, tiho, z zatikanjem, le refren,
kakor da jim je rahlo nerodno in kot da jim gre na smeh,
pesem jih je mogoče še vedno spominjala
na šolske proslave iz otroštva
ali pa so jo prvič slišali v sekvencah
pomivanja posode in vožnje s taksijem
v filmu *Mesto je mirno.*

Toda
po dolgih letih
sem slišal ljudi peti
Internacionalo.

* * *

After many years
I heard people sing
The Internationale.

They did not know all the words,
they sang, quietly, haltingly, only the refrain,
as if they were slightly embarrassed or about to laugh,
maybe the song still reminded them
of childhood school assemblies,
or they'd heard it for the first time in fragments
during the dishwashing and cab ride scenes
in the film *The Town Is Quiet.*

Nevertheless
after many years
I heard people sing
The Internationale.

KORAK

1

sproti nastajajoča nedostopna davnina

2

Stopil sem pred ogromne nespečne gmote
ugastnjenih blokov spalnega naselja
                    kakor pred morje.

A STEP

1

with the past constantly arising out of reach

2

I stepped before the sleepless mass
of extinguished blocks in the dormant city
                    as if before the sea.

NOČNA PESEM

Koliko mest je v eni sami noči!
Gledam stavbe, ki so priplule vanjo
ob isto cesto iz različnih časov,

kakšne so, ko jih nihče ne gleda.
Ko jih *nihče* ne gleda, tudi če jih gledam.
Moj samotni pogled, ki jih zdaj vidi,
ni dovolj močan,
da bi se jih videlo.
Vsak še močnejši pogled
bi bil preveč močan,
da bi se jih videlo.
Moj pogled beleži, kako prostor
izgublja—kako ta konkretna cesta izgublja—
vsako sled javnega
prostora.

A NIGHTLY POEM

How many towns in a single night!
I look at the houses, which sailed in
by the same road at different times,

what are they like, when nobody is looking.
When *nobody* is looking, even if I look at them.
My lonely eyes now see them,
but are not strong enough
to truly see them.
But stronger eyes
would have been too strong.
My eyes record how this space
is losing—how this concrete road is losing—
any hint of being a public
space.

Nekaj samotnih travnih bilk,
ki so se s tisočletnim naporom
prebile skozi razpoke,
in samotna urbana ljudstva
mravelj—te bilke, te mravlje
onkraj vsake sledi
in onkraj tega, da bi kakorkoli
govorile o njem,
govorijo o njem.
In vsaka
črka.

Najbolj samoten
sem v tem, kar prepoznavam
kot kolektivno.

Several lonely leaves of grass
broke through the crevices
with a millennial effort,
and the lonely urban crowds
of ants—the grass, the ants,
off the beaten track,
no matter what they say,
they spoke of the space,
they speak of the space.
As does each
letter.

I am loneliest
in what I recognize
as a collective.

* * *

Smrt ptice.
     S telesa
          se je usula
               jata peres.

* * *

Death of a bird.
        Flocks of feathers
                poured
                      from the corpse.

★ ★ ★

Takoj te prepoznam.
Prepoznam te po tem,
da te še nikoli
nisem videl.

Po snegu, ki nenadoma pade
na lase.
Po lasu, ki je padel
na sneg. Po maski.

O želja,
niti v sanjah
določena
s spominom!

Roka, ki se prebija
skozi to, da je še ni na svetu!
Od drhtenja gledam drugam.
Takoj te prepoznam.

* * *

I recognize you right away.
I recognize you like this:
By never having seen you
before.

By snow, which suddenly falls
on your hair.
By a strand of hair falling
on the snow. By a mask.

O desire,
not even in dreams
determined
by memory!

A hand, breaking through
its own absence from the world!
I tremble, I avert my gaze.
I recognize you right away.

＊ ＊ ★

ptiči med sončnim mrkom—
njihova nenadna

              tišina,
natančna do delca sekunde—
se je sprožil avtomatizem?—
ali skrajno pozorno sledenje
procesu?—kjer drhti svet—
brez nadaljevanja

                  sveta

. . .

z brnečimi srci

＊ ＊ ＊

birds during a solar eclipse—
their sudden

              silence,
precise to a fraction of a second—
did the machinery spring open?—
or was it the extremely attentive next step
in a process?—where a world trembles—
without continuing

             itself

. . .

with droning hearts

Pozdravljaš lepe o svobodi sanje
kot nekdaj steze v snegu zametenem.

Marija Kočevar—Zorka, Ranjenemu tovarišu

Z listov, ki so celo v mojih rokah
izgubljeni, berem
partizanske pesmi
svoje stare mame,
ki jo poznam samo po njeni beli
posodici za sladkor,
po fotografijah
in teh partizanskih
pesmih.

Vsaka beseda izčrpana v konkretnem
spopadu. Mobilizacijski
potencial njihove govorice
brez ostanka zavezan konkretnim
korakom skozi temen gozd. Njihova svetla nežnost
še bolj, še globlje.
Pomlad, v kateri
je podoba snega nepovratna,
imemorialna davnina.

Celo kot nosilec podobe prihodnosti.
Skrajna stopnja,
kot kar lahko nekaj ostane,
ne da bi se v kateremkoli smislu
spreminjalo v ostanek: neločljivost
od neponovljivih odločenih korakov,
da ne more nihče stopiti (pasti)

* * *

> You salute the beautiful dreams of freedom
> like you once did the paths through drifted snow.
>> *Marija Kočevar ("Zorka"), To a Wounded Comrade*

From the pages, which are lost
even in my hands, I read
my grandmother's
partisan poems.
I know her only by
her little white sugar bowl,
by pictures,
and these partisan
poems.

She drew each word from a
battle. The power of these words
to rally the people
comes from each march
through a dark forest. And their tenderness
even more so, even deeper.
In the spring,
the image of snow fades to a remote past,
immemorial.

Even as seeds of the future.
Remaining,
to the utmost degree,
without in any way
becoming a remainder: the unbreakable
ties between her singular, definite steps,
so not one of them will walk (fall)

v brezno
na njihovem robu.

Vedno, kadar govorica
strmoglavi v verze, se spomnim
na njeno davno, strašno smrt, ki je ne poznam
ne po njeni beli posodici za sladkor
ne po njenih (s fašizmom in s smrtjo borečih se)
                    partizanskih pesmih
ne po svojih (s fašizmom in s smrtjo borečih se)
                    partizanskih pesmih,
le po svojem telesu, s katerim tukaj o njej molčim.
S tem molkom ne morem niti molčati. Govorica je
                    pretrgani molk,
ki je pretrgal govorico.

into the abyss
on the edge of their path.

Always, when speech
dives into verse, I remember
her distant, terrible death, which I know
neither by her small white sugar bowl
nor by her (struggling with fascism and death)
                                partisan poems
nor by my (struggling with fascism and death)
                                partisan poems,
only by my body, which keeps silent about her.
Even with that silence I can't stay silent. Speech is the
                                broken silence
that broke speech.

MALA SEKSTINA

Človek
ni
sam.
Dež
pada
z njim.

Z njim
človek.
Pada?
Ni
dež
sam?

Sam
z njim.
Dež.
Človek
ni.
Pada.

Pada
sam?
Ni
z njim
človek?
Dež,

dež
pada.
Človek,

LITTLE SESTINA

Man
is not
alone.
The rain
is falling
with him.

With him,
man.
Falling?
Isn't
the rain
alone?

Alone
with him.
Rain.
Man
is not.
Falling.

Falling
alone?
It's not
with him,
man?
The rain,

the rain
is falling.
Man,

sam,
z njim.
Ni.

Ni
dež
z njim?
Pada
sam,
človek?

Človek ni
sam. Dež
Pada z njim.

alone,
with it.
Is not.

Is not
the rain
with him?
Falling
alone,
man?

Man is not
alone. The rain
is falling with him.

NAJDBA

Pršeče stroge forme skal
ne dopustijo trdnih tal.
Tla brez dežja? Brez kaplje lave?
Na njih bi umrl njihov kralj.

Mladenič, ki si prepeva te verze,
se ne pozna. Sredi nočnega travnika
se rosa meša z njegovim semenom.
Počivajoče ovce v ogradi,
ki jih osvetljujejo žarometi
mimo drvečih avtomobilov,
gledajo mimo.
Njegovo pojoče mrmranje
je vse bolj nerazumljivo.
Zaman. Poskušanje,
da bi dosegel čisto neposrednost,
ki bi z njo najbolj preprosto in silovito spregovoril *o tem*,
o tem (!!!),
dela nesmiselnost njegovih oglašanj
še kako berljivo:
abstrahirano v prazne
obrazce rituala.

Prav tukaj
se ne ustavi.
Prav tukaj, kjer je vse
nepremakljivo, poskuša
nekaj premakniti.

THE DISCOVERY

The sparkling, stern contours of stones
offer no solid ground.
Ground without rain? Without a drop of lava?
This ground would kill its king.

The youth who sings these verses to himself
does not know himself. In the middle of the field at night,
dew mixes with his semen.
The sheep resting in the pen,
lit up by the headlights
of passing cars,
stare off.
His mumbled chanting
grows less and less clear.
Futile. The attempt
to reach pure immediacy,
to speak out in the simplest and most powerful way *about it,*
about it (!!!),
makes his senseless declarations
even more legible:
abstracted into the empty
patterns of ritual.

He does not
stop here.
Right here, where everything
is immovable, he tries
to move something.

Pojoč prisluškuje, kako se stvari
povsod okrog njega
spreminjajo (transsubstancirajo) v smeti.

(Kar nima nič skupnega s smrtjo.
Kar nima nič skupnega z nesmrtnostjo.)

Kako pretresljiva (kako polna
zahtev) je njihova
popolna indiferentnost!
Njihov mir: da so dlje,
kot je mogoče biti.
In preprosti in izostreni gibi človeških rok,
ki so videti
za delček drhtljaja inteligentnejši
od vsake mogoče
utemeljive
teh gibov.
In mušice ob koncu jeseni,
ki so zadnjikrat priletele
na robove oči konja.

O
ležati na tleh kakor košček
raztrganega papirja,
košček raztrgane neizpolnjene kontrolne naloge
za enega nižjih razredov osnovne šole:

....
pritisni na žilo v zapestju. Kaj čutiš?
....................Položi roko na
prsi. Kaj čutiš? To je tvoj SRČNI.......
Kaj poganja kri po žilah? ....
Kakšna je naloga krvi? ....

While singing he hears how the things
all around him
change (transubstantiate) into trash.

(Having nothing in common with death.
Having nothing in common with immortality.)

How touching (how
demanding) their complete
indifference!
Their peace: that they are farther away
than it is possible to be.
And the simple, sharpened movements of human hands
seem, for a fraction of a tremble,
more intelligent
than any possible
foundation
of those movements.
And midges at the end of autumn
when they land for one final time
on the edges of a horse's eyes.

O
to lie on the ground like a torn piece
of paper,
a torn piece of an unfinished test
from elementary school:

       ....
       press the vein on your wrist. What do you feel?........
       ....Place your hand on your
       chest. What do you feel? This is your HEART'S.......
       What pushes blood through the veins?.....................
       What is the role of blood?..

Tutto il mio folle amore
è portato dal vento.

Hrope: »Kdo bi rad ponižal mojo željlo
v male umazane skrivnosti?

(Če se le spomnim . . . Bil je tako mlad . . .
Kako so se prihuljeno cedili
v nasladi najbolj črni nekrofili,
ko je ves bled opeval svoj razpad!

Cefral je vlakna najfinejših tkiv.
On bi takrat naredil samomor,
če ne bi prišel jaz, ga objel kot nor—
in če ga ne bi jaz—on sam—ubil.

Ubili bi ga oni: tisti klovni,
perverzni povampirjeni duhovni,
ki so njegovo dušo že nažrli.

On jim ni pustil: s tisočimi grli
se smeje. Smejal se mi je v obraz.
Nikoli ni bil nihče drug kot jaz.

. . . .

Ne. Ne. Ne.
Kako se *mirno* kopičijo
najhujše okrutnosti,
ko nihče ne prenese ničesar,
ko nič ne prenese ničesar,
ko se ne prenese ničesar!
Ko ne prenesem
ničesar.

Tutto il mio folle amore
è portato dal vento.

He wheezes: "Who would like to reduce my desires
to small, dirty secrets?

(If I could only remember . . . He was so young . . .
How underhandedly the blackest of necrophiliacs
gloated in pleasure when, completely pale,
he sang of his own collapse!

He picked apart the finest of threads.
He would have committed suicide already,
if I hadn't come, embraced him madly—
and if I—who am him—had not killed him.

They would have killed him: those clowns,
the perverse vampire-like clerics,
who'd already gorged on his soul.

He did not let them: he laughed
with thousands of throats. He laughed in my face.
He was never anyone else but me.

. . . .

No. No. No.
How *peacefully* the worst cruelties
pile up
when no one carries anything,
when nothing carries anything,
when nothing can be carried on!
When I don't carry
anything.

Ne. Ne. Ne.
Kdo bi mi rad podtaknil še
smrt, še
to
smrt?
Ravno zaradi tega,
ker sem se jim nekoč uklonil *prostovoljno*,
jim ne morem in jim nikoli
ne bom mogel
/jim nočem in jim nikoli
ne bom hotel/
odpustiti.

Hahahahaha,
kako prozorna zaščita!
Je treba v lupino
izvrtati odprtino
za smeh?

Joj, če si včasih zares predstavljam
dve globoki črni odprtini
nečesa, kar je imenovano
‚moja lobanja',
gre samo za ironičen poskus oddiha,
da bi s prozorno *cenenostjo* te predstave
za hipec zmanjšal zanosno tesnobo
od neskončno globljih—
neskončno bolj črnih—
neskončno bolj odprtih—
in celó neskončno bolj posmrtnih
odprtin
zenic.

No. No. No.
Who wants to slip a
death to me, even
this
death?
Precisely because
I once stepped aside for them *of my own free will*
I cannot and will not
I'll never be able to
/ I don't want to and will
never want to/
forgive them.

Hahahahaha,
what an obvious defense!
Is it necessary
to drill a hole in it
for laughter?

Oh, if I sometimes imagine
two deep black holes
in something called
'my skull,'
it is just an ironic attempt at relief,
to briefly reduce, with the obvious
cheapness of a game,
my hypnotic anxiety of the endlessly deeper—
endlessly blacker—
endlessly more open—
and even endlessly more posthumous—
holes
in my irises.

V njih se noč in luč počasi jesta
in hitro se požira večna cesta,
ob njej ležé za miljnike lobanje,
duhovi kockajo po gmajnah zanje.
Ne grem naproti jim in ne bežim.

....
....

Sem mrtev ali živ?—Ne vem.—Gorim.)«

Ne ve.
Pustil ga bom sredi nočnega travnika,
kjer poje:

    Kocke, ki branijo pristan,
    so kocke, ki se z njimi igrajo—
    kdo? *Tisti davni skok v vulkan*—
    kot da je bil storjen za vajo

    . . .

(Kar nima nič skupnega s smrtjo.
Kar nima nič skupnega z nesmrtnostjo.

    Zaman?)

    2

Vsekakor lahko pritrdim
razlagi Bertolta Brechta:

bodisi da je Empedokles zares skočil
v krater Etne—
bodisi da je umrl na njenem pobočju naravne smrti—
bodisi da se je zgodilo
nekaj drugega

Within them night and light slowly eat each other
and the eternal road devours itself quickly,
by its side the skulls lie as mile posts,
and spirits on the fields gamble for them.
I do not go toward them nor do I run away from them.
....
....
Am I dead or alive?—I don't know.—I burn.)"

He doesn't know.
I will leave him in the middle of the field at night
where he sings:

> The blocks which defend the port
> are the blocks they play with—
> who? *That distant leap into a volcano—*
> as if it was made for an exercise
>
> . . .

(Having nothing in common with death.
Having nothing in common with immortality.

In vain?)

2

Anyway, I can confirm
Bertolt Brecht's interpretation:

since Empedocles really jumped
into Etna's crater—
since he died a natural death on its slope—
since something else happened
(*what* happened, *we don't know*)— —

(*kaj se je zgodilo, ne vemo*)— —
če si tistega svojega razvpitega čevlja (oziroma sandale?),
ki so ga našli na gori
po njegovem skrivnostnem izginotju,
»*otipljivega, ponošenega, usnjenega, zemeljskega*«,
ni sezul sam z namenom,
da bi bil ta čevelj najden,
je najbrž zares »*pozabil na*
našo neumnost«; se pravi:

vsekakor lahko pritrdim domnevi,
da Empedokles
v nobenem primeru
ni megalomansko računal s tem,
da bo njegovo skrivnostno izginotje brez prič
sprožilo nastanek nebulozne legende
o njegovi nadnaravnosti,
o njegovem čudežnem
vnebovzetju.

(Legende, ki naj bi jo najdba tega čevlja,
»*otipljivega, ponošenega, usnjenega, zemeljskega*«,
neizpodbitno spodbila, postavila na laž
in razkrinkala starčev nizkotni projekt,
v vsakem primeru
pa potrdila vesoljno predvidljivost
individualnega »*zemeljskega*
teka človekškega«.
V velikansko veselje / kljub najdbi
na neki način nedvomno nizkotno,
ker ne more ne biti privoščljivo /
vseh, ki so spomin na ta čevelj poučno
pretihotapili skozi stoletja
do nas kot navaden mizeren trač.)

if he didn't take off that famous shoe (that is, sandal?),
found on the mount
after his mysterious disappearance,
"tangible, worn, leather, earthly,"
and leave it
to be found,
then he would have truly *"forgotten*
our foolishness"; as if to say:

anyway I can certainly confirm the theory
that Empedocles
was not megalomaniacal enough to believe
his mysterious disappearance
would trigger a nebulous legend
of supernatural gifts,
of his miraculous
ascension.

(A legend, which the shoe's discovery,
"tangible, worn, leather, earthly,"
would undoubtedly refute, expose as a lie,
discrediting the old man's roguish project,
and thus affirming
the universal predictability
of each individual *"earthly course*
of a human being."
Toward immense joy / despite its discovery,
in a way doubtlessly roguish
since such a discovery must lead to malicious joy/
of all those who carefully smuggled
the memory of that shoe through centuries
down to us as ordinary, miserable gossip.)

......

Grozeče pa je
nekaj drugega.

ὀτοτοτοῖ πόποι δᾶ

Da je *ravno ta čevelj*—
»*otipljiv, ponošen, usnjen, zemeljski*«—
da je ravno ta čevelj—po vsej verjetnosti
zares namenoma »*puščen za tiste,
ki, kadar ne vidijo, takoj začnejo verjeti*«—
da je ravno ta čevelj
sprožil bizarno verjetje, ki naj bi ga spodbil,
da je povzročil prav tisto, kar naj bi preprečil, tisto
(če prejmemo tak izraz) »*razvijanje metafizike*«
(ali tudi, če ga ne sprejmemo)—
ravno ta čevelj; se pravi:

da je ravno ta čevelj
s svojo popolno indiferentnostjo
zahteval najbolj nemogočo zgodbo,
ki se je takoj ujela v usta
z lepljivo slino:
da je ravno ta čevelj;
kot bi nemara rekel Artaud, nosil
»neke mikrobe«:
da je ravno ta čevelj,
ko so ga držali v rokah
(»*otipljivega, ponošenega, usnjenega, zemeljskega*«; toda:
so ga morda tuti vohali?—ste zaznali
boleči cirkuški vonj?),
v njihovih mislih s svojo nedostopnostjo

......

Something else
is truly terrifying.

ὀτοτοτοῖ πόποι δᾶ

That *precisely that shoe*—
"tangible, worn, leather, earthly"—
that precisely that shoe—most likely
intentionally *"left for those who,*
when they do not see, begin to believe"—
that precisely that shoe
triggered a bizarre belief, which it would come to refute,
and he'd caused exactly what he wanted to prevent: the
(if we accept such an expression) *"development of a metaphysics"*
(but also if we refuse it)—
precisely that shoe; as if to say:

that precisely that shoe
with its complete indifference
demanded the most impossible tale,
which got trapped at once in the mouth
with *sticky* saliva:
that precisely that shoe,
as Artaud might have said, carried
"certain microbes":
that precisely that shoe,
when they held it in their hands
(*"tangible, worn, leather, earthly"*; however:
did they perhaps also sniff it?—did they detect
a painful, side-show scent?),
in their thoughts its inaccessibility

zanetil bebavi bes legende:
mogoče preprosto zato, ker temu čevlju
nihče ne more gledati v oči
(in torej ne more uiti pred *njegovim* pogledom).

Da so ravno ob tem čevlju začutili
nepremagljivo potrebo,
da mora iti za nekaj drugega.
Da mora biti nekaj
zadaj.
Nekaj, na kar je mogoče prilepiti
vso svojo škodoželjnost.
Tako je ravno nejasna in banalna
privoščljiva misel *o porazu*
neke neznane želje (in ta želja je morala biti—
to proseva skozi vse plasti
legende, trača, spomina, pozabe—po svojem bistvu
revolucionarna) generirala
to legendo o megalomanski
želji po nizkotni legendi,
želji po cirkusu,
vso sramoto in neizbežnost.
Male umazane skrivnosti!
Lepljivost malih umazanih skrivnosti!

    (Prisluškovani pogovori, ki so drug drugega skrili,
    se med sabo prepili v grozeče angelsko petje!)

......

Ali pa
spregovorim o vsem skupaj
še čisto drugače.

ignited the feeble-minded fury of a legend:
perhaps simply because no one
can look a shoe in the eye
(and thus cannot escape *its* gaze).

And because of that shoe they felt
an irresistible need
for something else to be going on.
Something behind
the scenes.
Something for them
to hang their malice on.
So the completely unclear, banal
and envious thought *of the defeat*
of an unknown desire (and that desire must have been—
emanating through all the layers of
legend, gossip, memory, oblivion—in its essence
revolutionary) generated
the legend of a megalomaniacal
desire for a roguish legend,
a desire for a side show,
all shame and inevitability.
Dirty little secrets!
The stickiness of dirty little secrets!

    (The monitored conversations overlap,
      shouting over each other in terrifying, angelic singing!)

......

Or
I can speak about all of this
completely differently.

Ko vsi odidejo
in čisto sam
držim v rokah
ta čevelj, kot bi držal
enako star kos medu
(že ves počrnel, a v črnini
ohranjajoč zláto žarenje),
je ravno ta čevelj
v svoji popolni indiferentnosti—
s tem, da nima nič skupnega s smrtjo
(ko ravno omenjam smrt: ravno takrat,
ko si jo predstavljamo kot popustitev
napetosti, kot stanje ali prostor, ki mistično
združuje in posvečuje, ki ukinja nasprotja
življenja in vzpostavlja neko
»condition humaine«,
jo najbolj brez ostanka
instrumentaliziramo; to naj bo pripomnjeno
mimogrede)—
s tem, da nima nič skupnega z nesmrtnostjo—
a predvsem z nečim drugim,
čemur ne vem imena, a čemur dajem ime—
je ravno ta ubogi čevelj
znak za to, da so najbolj drzna
pričakovanja, drhteča v neznani želji—
onkraj brezumnih čarovniških / duhovniških trikov,
male osebne nesmrtnosti ali česa podobnega—
realna, še več: da je celó nora zgodba
o njegovem
vnebovzetju
v nekem docela
nepričakovanem smislu,
ki nasprotuje smislu, ki ji je pripisovan,
nenavadno resnična—v nekem smislu,

When everyone leaves
and all alone
I hold that shoe in my hands,
as if I was holding
an equally old chunk of honey
(all black, but in its blackness
preserving its golden glow),
precisely that shoe
in its complete indifference—
that said, it has nothing in common with death
(since I mention death: just when
we imagine it like the sudden release
of tension, like a condition or space, which mystically
unites and blesses, which abolishes the contradictions
of life and establishes a
"condition humaine,"
we turn it completely
into an instrument; this should be mentioned
as an aside)—
that said, it has nothing in common with immortality—
above all else it is like something different,
I do not know its name, yet I name it—
and so that poor shoe is precisely
a sign that the most daring
expectations, trembling with unknown desire, are real—
beyond the mindless magician/priest's tricks,
beyond a small personal immortality or something like that—
even more: that even this crazy tale
about his
ascension
(*in a certainly*
unexpected sense,
contradicting the sense usually ascribed to it)
is unusually truthful—in a neither

ki ni ne dobeseden ne metaforičen—
in ki nasprotuje
temu, da bi se izrazil s smrtjo.

Zaradi tega čevlja
je človek z imenom
Empedokles

nenadoma nenadomestljiv.

Telesno.

»*Vrgel sem se v vulkan.*«

Pogled konja
z mušicami na robovih oči.

»*Vrgel sem se v med.*«

Smetar v žareče oranžni uniformi
si prižiga cigareto.

»*Vrgel sem se v Sonce.*«

V nekem smislu, ki ni ne dobeseden
ne metaforičen—in ki nasprotuje
temu, da bi se izrazil s smrtjo.

Večna
nenadomestljivost.

Brechtovi verzi iz pesmi Empedoklejev čevelj so navedeni po prevodu
Ervina Fritza.

literal nor metaphoric sense—
which contradicts
the very idea that it could be expressed through death.

Because of that shoe
a man named
Empedocles

suddenly became irreplaceable.

Bodily.

> *"I've thrown myself into a volcano."*

A horse's gaze
with midges on the edges of his eyes.

> *"I've thrown myself into honey."*

A garbage collector in a brilliant orange uniform
lights a cigarette.

> *"I've thrown myself into the Sun."*

In a certain sense, neither literal
nor metaphoric—and contradicting
the idea that it could be expressed through death.

> Eternal
> irreplaceability.

Quotes from Brecht's poem, "The Shoe of Empedocles."

＊ ＊ ＊

Ko je Dedalus—
napol mrtev napol ptica—
pristal
na drugi strani morilskega morja—
na vzpetini z Apolonovim templjem—
je nehote videl—ko se je zgrudil na pragu
in obrnil pogled nazaj proti morju—
preden si je otresel skeleče perje—
preden se mu je vrnil glas,
s katerim je klical mrtvega sina—
globoko pod sabo
na prazni črti obale:
neki človek in neki konj.

* * *

When Daedalus—
half dead half bird—
landed
on the other side of the murderous sea—
on the hill with Apollo's temple—
he inadvertently saw—when he bent over at the doorstep
looking back to the sea—
before he shook off his tingling feathers—
before his voice returned,
with which he called to his dead son—
deeply below him
on the empty shoreline:
a man and a horse.

GOVOR 8. TERMIDORJA

Noč, ki jo iz znanih obrazov
razsvetljujejo samo tuje oči pošasti.
(Praznik Najvišjega bitja!
Kako je bil nujen odlok o nesmrtnosti duše,
če so bile vse besede izgovarjane že posmrtno!
Od nejega hipa naprej:
vsi gibi posmrtni.
Vsak poskus ljubezni Teror.)
»Zapuščam jim strašno resnico in smrt.«
Robespierre, 8. termidorja.

THE SPEECH OF THE 8TH OF THERMIDOR

The night, lit only by the uncanny eyes
of monsters in familiar faces.
(The Festival of the Supreme Being!
How urgently he decreed the soul was immortal,
since all his words were already posthumous!
From a certain moment on:
all movements are posthumous.
Each attempt at love, a Terror.)
"I leave them a horrible truth and death."
Robespierre, on the 8th of Thermidor.

★ ★ ★

»Ni tako težko
izstopiti iz labirinta;
zares pošastno je to,
da je to prostor
(ne glede na kogarkoli),
iz katerega ni vrnitve.

In prazni so vsi obredi,
namenjeni preprečevanju
tega, da bi se mrtvi
vračali;
da bi preživeli živeli v veri,
da prostor, kjer sami živijo, ni prostor
iz katerega ni vrnitve.«

Tako je Tezej odgovarjal
množici na obvezna vprašanja,
da bi pobegnil pred pogledom,
s katerim je zrla vanj Ariadna.

★ ★ ★

"It's not that hard
to find your way out of the labyrinth;
what's terrible is that
it's the place
(no matter who you are)
from which there is no return.

And all the rites are empty,
intended to prevent
the return
of the dead;
so the survivors can live on believing
the space they inhabit is not the place
from which there is no return."

Thus Theseus responded
to the crowd's inevitable questions
in order to escape the gaze
of the staring Ariadne.

FRIDA KAHLO SLIKA STALINA

1954

Iz predsmrtnega pisma žrtve je vela groza,
da ni samo žrtev načrtne okrutne vélike igre Ljubljenega,
ampak da se je vpletla zmotljivost.

Jaz, ki ne morem ničesar več izgubiti,
delam skrajno zavestno.
Nisi človek, ampak ta slika, ta sveta slika.

Si torej lahko dovolj nečloveški,
da bi prenesel transformacijo
v nadnaravno bitje?

S telesom, ki se mi drobi,
te slikam.
S češnjami. S kosi železa.

Kako ravnodušen moraš biti,
da lahko skozi daljave v popolnih neznancih
generiraš toliko brezpogojne ljubezni!

Najčistejše. In to do edinega,
kar daje resnični smisel življenju.
In jaz sem zmogla v ekstazi prenesti celo nesmisel, ki je v tem smislu!

In kdor bi iskal varstvo
za jokočega ranjenega jelenčka,
bi najprej pomislil nate.

FRIDA KAHLO PAINTS STALIN

1954

Horror spilled from the deathbed letter of a victim.
He was not only the victim of the Beloved's cruel game,
but there was also a mistake involved.

I, who have nothing left to lose,
work conscientiously.
You are not a man, but an image, a holy image.

Are you inhuman enough
to bear the transformation
into a supernatural being?

I paint you
with my crumbling body.
With cherries. With pieces of iron.

How indifferent you must be,
to generate such unconditional love
in strangers, across great distances!

The purest. And the only thing
that gives meaning to life.
And I can, in ecstasy, bear what's meaningless within that meaning!

And who seeks protection
for the crying, wounded doe,
first thinks of you.

Nihče ti ni maral posojati svojih knjig,
ker so puščali tvoji prsti v njih
mastne madeže.

Moje olje, vezivo. Opustela pokrajina.
Si torej lahko dovolj močan, da utelesiš
brezmejno nemoč in obscenost Boga?

Je lahko kakšna podoba manj nedolžna?
Je lahko kakšna podoba bolj
nedolžna?

Bolj so nedolžni, bolj so krivi. Zavestno vračam to logiko
daleč ven iz življenja v polje višje mistike,
k okostnjaku nad svojo posteljo.

Vem, vem, vem.
Vem. Vem. Vem.
Delam skrajno zavestno.

Poljubljam razbito čelo Trockega.
Ničesar mi ni prikrilo.
Ne kljub njemu. Zaradi njega

te slikam. Bruham, ko te slikam.
S srpom in kladivom
se branim.

Se vrača življenje?
Se vrača smrt? Se vračajo vsi tisti mrtvi?
Se vrača navadna verska blaznost?

Nobody liked to lend you their books,
because your fingers left
greasy marks in them.

My oil, the binding. The desolate landscape.
So, are you strong enough to embody
God's endless weakness and obscenity?

Can an image be any less innocent?
Can an image be any more
innocent?

The more innocent, the guiltier. I shove that logic
far from real life, into the higher field of mysticism,
to the skeleton above my bed.

I know, I know, I know.
I know. I know. I know.
I work very conscientiously.

I kiss the broken forehead of Trotsky.
It does not hide anything from me.
Not despite him. But because of him

I paint you. I vomit as I paint you.
I defend myself
with a hammer and sickle.

Is life returning?
Is death returning? Are all those dead returning?
Is the normal religious madness returning?

Se vračajo nizkotna
religijska
čustva?

Preoblekla se bom v moškega.
Preoblekla se bom v žensko.
Svojo notranjost si natikam kot masko

čez svojo podobo.
Naj se nikoli ne vrnem.
Kdor vidi sliko, jo gleda, od koder ni vrnitve.

Kaj torej hoče od mene dobrota, brezmejna nurovost tvojih svetih potez?
S srpom in kladivom in čopičem jih napadam.
Delam skrajno zavestno.

Umiram, ko te slikam.

Are the base
religious feelings
returning?

I will cross-dress as a man.
I will cross-dress as a woman.
I stick my insides on me like a mask

over my countenance.
Let me never return.
Whoever sees the picture sees it from the point of no return.

So, what do the goodness, the endless cruelty of your holy plans want of me?
With hammer and sickle and paintbrush I attack them.
I work very conscientiously.

I am dying while I paint you.

TEZEJ S HIPOLITOVIM TRUPLOM

(prevod iz Senecove tragedije *Hippolytus*)

Kaj je to—brez oblike,
strašno, okrog in okrog obtrgano z ranami?
Ne vem, kateri del tebe je: toda del tebe je.
Sem, sem naj bo položeno.
Ne na svoje mesto. Na prazno mesto.

THESEUS WITH THE BODY OF HIPPOLYTUS

(Translation from Seneca's tragedy *Hippolytus*)

What is it—without form,
terrible, over and over striped with wounds?
I don't know which part of you: but it is part of you.
Here, here it should be laid.
Not in its proper place. In this empty place.

ADAMU WIEDEMANNU

Odleže mi:
      ko nekdo razume
neko mojo
z roba smrti kričečo
           izjavo
kot veselo—
      celó kot smešno.

TO ADAM WIEDEMANN

I sigh in relief:

        when someone understands

my statement

screaming from the edge

        of death

as joyous—

        even funny.

100 KLICEV NA SEKUNDO

V tej tišini
odda netopir
100 klicev
na sekundo, odda
to tišino,
ki je v tej temi, v tej inertni
nemosti, skozi katero prodira,
neskončno precizen
navigacijski sistem.

Ta tišina,
učinek
stopnjevane frekvence
glasu! (Netopir *kriči*.)
S toplim vonjem
po zvereh.
Ne streljajte!
Moja koža je tisočkrat
prestreljena že s svojimi porami.

Z rastrom. Z glasom.
S *to*
tišino. Predmeti,
razpostavljeni v funkciji neke tolažbe,
so podtaknjeni. Nadomeščajo
nekaj drugega, kar bi bilo
na njihovem mestu
enako podtaknjeno
in bi prav tako nadomeščalo.

100 CALLS PER SECOND

In this silence
a bat sends out
100 calls
per second, he sends out
that silence,
in this darkness, in this inert
muteness penetrated by
an immensely precise
navigational system.

That silence,
an effect
of the voice's graded
frequency! (The bat *screams.*)
With the warm odor
of beasts.
Don't shoot!
My skin is already shot through
a thousand times with pores.

With a grid. With a voice.
With *that*
silence. Objects,
positioned to be comforting,
slip in. They replace
something else, which
also would have
slipped in,
replacing something else.

Ta tišina ni tista,
ki se pogrezajo vanjo,
čeprav se pogrezajo.
Ta tišina je tista,
ki gre na nešteto mestih
tudi skoznje.
Ta tišina, cvrčeča v mojem
tilniku. Kako ostra
mora biti v grlu!

That silence is not the one
they dive into,
though they do dive.
That silence goes on
in countless places,
goes on through them.
That silence, sizzling on the nape
of my neck. How sharp
it must feel in the throat!

PROTEJ GOVORI V SPANJU

V karkoli se spreminjam,
to sem bil vedno.
Vso večnost.

PROTEUS SPEAKS IN HIS SLEEP

Whatever I become,
I have been that eternally.
Throughout all eternity.

POZDRAV CESAREJU PAVESEJU

»Lo ricordi quel negro che fumava e beveva?«

Se ga spominjam?
Se spominjam tega človeka, ki ga zdaj gledam?
Se je mogoče spominjati človeka, ki se ga gleda?
Ki se ga gleda, ki se ga ne spominja,
ki se ga gleda.
Je povezana z njim resnica o njem, resnica—
o čem?
O tistih (nedvomnih) strahotnih notranjih labirintih,
ki se trgajo, o tistem trganju,
ki se trga?
O silhueti, o trzljajih obraznih mišic,
o načinu, kako se roka
ne premakne?

Sonce, ki pada nanj,
prah, ki pada z njegove drhteče cigarete.
Resnica o nekih skrivnih notranjih labirintih,
ki se trgajo, o tem trganju,
ki se trga:
kako pada prah z njegove
drhteče cigarete.

O prah! Ko molče zasipaš
sleherno možnost spomina in zgodovinskosti,
si neka njuna skrajna izpostava.
Zapisano. Zasipano. Zapisano.
O strast, da bi med prahom jasno, razločno razločil
prah, ki prihaja do sem od tiste drhteče cigarete,
in prah, ki prihaja do sem od nekega strašnega dela,
in prah, ki prihaja do sem iz puščave, iz Sahare,

SALUTE TO CESARE PAVESE

"Lo ricordi quell negro che fumava e beveva?"

Do I remember him?
Do I remember the man I'm looking at?
Is it possible to remember a man you're looking at?
A man who is looked at, who is not remembered,
a man who is looked at.
Is the truth about him connected to him, the truth—
about what?
About those (doubtless) terrible inner labyrinths,
tearing, and about that tearing,
which is torn?
About a silhouette, about the facial tics,
about his manner, how his hand
does not move?

The sun, falling on him,
the dust, falling from his trembling cigarette.
The truth about some hidden inner labyrinths,
tearing, about that tearing
which is torn:
how the dust falls from his
trembling cigarette.

O dust! When you quietly drift over
the slightest chance of memory and history,
you are an extreme outpost for both.
Written. Drifted. Written.
O passion, if I could only discern in the dust
what dust comes from that trembling cigarette,
and what dust comes from a terrible deed,
and what dust comes from the desert, from the Sahara,

in prah hiš, mrtvih od starosti, in cvetni prah
in prah, ki se je pomešal med prah
in je prišel do sem iz vesolja
(tako kot prah tiste drhteče
cigarete)!

(O Cesare Pavese! O tvoja tiha, tiha strast!
O strast in moč, odkriti in videti
tega človeka, ki je molče kadil in pil,
in tega človeka,
ki molče
kadi
in pije,

      kot revolucionarno situacijo.)

and the dust of the houses, dead of old age, and the flower dust
and the dust mixed with dust
which came from space
(like the dust of that trembling
cigarette)!

(O Cesare Pavese! O your quiet, quiet passion!
O passion and power, revealing and seeing
the situation of the man who quietly smoked and drank,
and the man
who quietly
smokes
and drinks,

          as revolutionary.)

* * *

Otrok piše dnevnik
in ga skriva.

Golobi hodijo
po razsutih straneh.

Še bolj skriva. Zapisuje dogodke,
ki so zavestno drugačni

od tistih, ki jih je doživel,
drugi.

Da bi tisti, ki jih je doživel,
še en dan ostali skriti.

Da bi tisti, ki jih ni doživel,
še en dan ostali skriti.

Golobi hodijo
po razsutih straneh.

* * *

A child writes in his journal
and hides it.

Pigeons walk
across the splayed pages.

He hides it better. He writes events
deliberately differently

from what he experienced,
different.

To keep the ones he experienced
hidden one more day.

To keep the ones he did not experience
hidden one more day.

Pigeons walk
across the splayed pages.

* * *

Pokazal sem z roko: zadaj se ena od hiš počasi dviga!
Modrikastorožnata vila s temno srebrno streho!

Nekoč sem zaslišal:
Če boš opeval to čudovito pomlad, boš opeval vojno.

Še se dviga! Naenkrat je v zraku, obrnjena
na glavo, na robu goreča, naenkrat pade.

Za roko me drži Tetka, varuška. Je mogoče,
da se moje geste dogajajo v času, v katerem živim?

* * *

I pointed with my hand: back there, one of the houses is slowly rising!
The bluish-pink villa with a dark silver roof!

Once I heard:
If you sang of that miraculous spring, you'd sing of war.

It's still rising! Suddenly it's in the air, upside down,
its edges burning, and suddenly it drops.

My Auntie, my guardian, holds my hand. Is it possible
that my actions occur at these times that I live in?

EGIPČANSKI PISAR

Po tisočletjih ne skriva, da ne zna brati svojih besed.
A preživi. Ne zmanjša se povpraševanje
po tekstih za povijanje trupel.

THE EGYPTIAN SCRIBE

After millennia, he doesn't hide that he can't read his own words.
Yet he survives. The demand for texts
to wrap up corpses will not subside.

INTERVJU

>>(Seveda),
žal mi je, da sem ubil neko človeško življene,«

una vita umana, se sliši izza ekrana,
na katerem živahno in zbegano gestikulira
podoba iz pisanih nevidnih drhtečih točkic,
»ne pa, da sem ubil Pasolinija.«

(Takrat so v Rimu velikanske jate
škorcev kričale, celo noč kričale,
in če si le zaploskal, so planile
iz krošenj in zavijale po zraku.)

»*Vedevo sfumato, strano.*«

(Na isti dan, isti dan
sredi noči čez 25 let
neki mladenič na Stazione Termini
mimogrede nevede—ali vede?—
uporabi besede umorjenega: *una vita violenta* . . .
Hai una vita violenta . . . *Non buttarla via* . . .
Kaj hoče
od mene?)

Črno-beli posnetek
z delno privzdignjeno rjuho, s katero je pokrito
truplo, kaže le neko sivo
maso.

Zdaj prvič na televiziji. Veliko sproščenih nasmehov.
Z naslovom: *Ubil sem Pasolinija.*

AN INTERVIEW

"(Sure),
I feel sorry that I have taken a human life,"

una vita umana, heard from the TV,
where a creature of invisible, written,
trembling grains wildly gestures,
"but not that I killed Pasolini."

(Then in Rome huge flocks of starlings
screamed, all night they screamed,
and if you clapped your hands they'd scurry
out of the trees, curving through the air.)

"Vedevo sfumato, strano."

(On that same day, the same day
in the middle of the night 25 years later
a youth at Stazione Termini,
by the way, knowingly or not,
uses the words of the murdered one: *una vita violenta . . .*
Hai una vita violenta . . . Non buttarla via . . .
What does he want
from me?)

A black and white shot,
with the partially lifted sheet
covering the body, shows just a gray
mass.

For the first time on TV. Many relaxed smiles.
With the headline: *I killed Pasolini.*

Intervju, delan z namenom,
da gane, pretrese in razvedri z nedolžno človeško toplino,
da reklamira človeško
toplino.
In podoba, ki postavlja vprašanja,
ne skriva užitka in občudovanja.

(Ni skrito, da ni skrival, da že zdavnay
pozna vso svojo smrt—in da jo hoče
videti táko, kakor je—da hoče,
da udari s silo tujega telesa,
da bo do ran telo / vsako človeško
telo je do poslednjih skritih vlaken
politično—če hoče ali noče/—
da bo do ran telo /«Seks je izgovor«;
Versi del testamento/—vsaka črta
vsake njegove risbe ji je bliže
kot prejšnja črta— —)

"Perchè il rimoroso non c'è."

Vsa situacija je transparentna.
Samoobramba + nesrečen slučaj.
Ničesar zadaj. Nobene zarote.

(Temna plastična vrečka, v temi
drhteča v vetru:
za nekaj trenutkov
je bila neznana
umirajoča žival.)

Kot da briše zavest mrakobna mantra:
Nobene zgodbe. Nobene zgodovine.

An interview done with intent:
to touch, to move, to brighten with innocent human warmth,
to advertise human
warmth.
And the creature asking the questions
does not hide its pleasure and admiration.

(It's no secret that he didn't hide, that he'd known
about his death for a long time—and that he wanted to
see it as it was—to strike
with the strength of another body,
to be body enough for the wounds / each human
body is, at its deepest thread,
political—if it wants to be or not/—
to be body enough for the wounds / "Sex is an excuse";
Versi del testamento/—each line
of each of his drawings is closer to death
than the previous line— —)

"Perchè il rimoroso non c'è."

The whole situation is clear.
Self-defense + unhappy accident.
Nothing more. No conspiracy.

(A dark plastic bag, at night,
trembling in the wind:
for several moments
becomes an unknown
dying creature.)

As if a shadowy mantra is erasing the conscience:
No story. No history.

(— —črne in zlate
svetlobe v koži usidranih peres—stoletja
neposušene barve renesančnih
slik—psi na nočnih cestah—razvaline
peščenih zrnc—stari morski kamni,
še nenavajeni na svoje oblike,
na luknje v sebi—vse se je izpustilo,
nehalo biti skupaj neki svet,
ki ga še ni.— —Vsakdanji rituali—
splošno sprejete negovane geste—
kako se podaljšujejo—do drugih
gest—ki so iste—čisto do konic
nečesa, kar prinaša smrt! Me slišiš?
Zbujen sem sredi čudnega fašizma:
tako popoln fašizem, da ne rabi
podobnosti s fašizmom—da ne rabi
ničesar več—nikogar več.»Umri!«)
Ničesar. Nikogar. Nobene zarote.

Podoba, ki postavlja vprašanja, se
nezarotniško nasmehne.
Z neba spuščeni oglasi se
nezarotniško nasmehnejo.
In abstraktni beli zobje, ki neslišno žvečijo
neko imaginarno človeško meso.
In fašistični beli zobje lastnika televizije.
(Vse, kar gledaš in kar je označeno
kot prijazno—dobro—nedolžno . . . —se nezarotniško
nasmehne?!)
— — —

(— —black and gold
flashes in the quills, anchored in skin—for centuries
colors from renaissance paintings
undried—dogs on night roads—the ruins
of grains of sand—old sea rocks,
unaccustomed to their own shape,
to the holes inside them—everything let out,
no longer a world
about to happen.— —Everyday rituals—
the accepted, mannered gestures—
which extend—to other
gestures—the same ones—clearly to the tip
of death! Do you hear me?
I wake up in the middle of a strange fascism:
such a complete fascism that it need not be
similar to fascism—that it need not
use anything else—anybody else. "Die!")
Nothing. Nobody. No conspiracy.

The image, asking questions,
smiles non-conspiratorially.
The ads falling from the sky
smile non-conspiratorially.
And the abstract white teeth chew silently
on imaginary human flesh.
And the fascist white teeth of the TV magnate.
(Everything, what you watch and what is marked
as pleasant—good—innocent . . . —smiles
non-conspiratorially!?)

— — —

VEČER V CASARSI

Mušice
plešejo
med ogromnimi
kapljami
dežja.

AN EVENING IN CASARSA

Gnats
dance
between immense
drops
of rain.

LJUBEZENSKA PESEM 21. JANUARJA 2004

Bir tanem!

Najin skupni prostor na svetu
je to, da za naju na svetu
ni prostora.
To ni skrivališče intime.
Sredi te zime
je to najbolj obljuden prostor.

Tu se ti ne morem
niti predstaviti.
Vsi pravi dokumenti o meni
so ponarejeni.
In kar sem imel za svojo nesmrtno dušo,
je bilo moje smrtno dušenje.

In v živalskem vrtu
nadomeščajo kletke z globokimi jarki,
da se niti iz »prostora živali«
slučajno ne bi zaslišala
za ljudi pregloboko človeška
živalska govorica:

udarjanje ob kovinske drogove,
ob les, ob rešetke, ob žice . . .
Ljudem je dovoljeno celo udarjati.
Ljudem je dovoljeno celo govoriti.
Nihče več nam ne pripisuje možnosti udarca.
Nihče več nam ne pripisuje možnosti govorice.

Nič ne bi moglo prenesti možnosti tega udarca.
Nič ne bi moglo prenesti možnosti te govorice.

LOVE POEM, JANUARY 21, 2004

Bir tanem!

Our shared space in the world
is that there is no space
for us in the world.
It is not the secret space of intimacy.
Even in the middle of winter
it is terribly crowded.

Here I can't even
introduce myself to you.
All my authentic documents
are forged.
And what I took for my immortal soul
was choking me to death.

And in the zoo
they are replacing the cages with deep pits
so we can't overhear
the too deeply human
speech from the "bestial space."
The speech of beasts:

striking against metal bars,
against the wood, cage, wire . . .
People may strike.
People may speak.
Nobody thinks we can strike anymore.
Nobody thinks we can speak anymore.

Nothing could survive the possibility of that strike.
Nothing could survive the possibility of that speech.

Kar moramo zrušiti,
je tako ranljivo—
ne prenese ničesar—,
da tega nihče ne more verjeti.

Najin skupni prostor na svetu je
prostor na tem, da še ni sveta.
Med vsakim novim premikom premrlega krlica
metulja, ki prezimuje, in potovanjem ledolomilca.
Tu. Tudi skozi to stavbo.
Začetek dihanja.

What we must destroy
is so vulnerable—
it cannot survive anything—,
no one can believe this.

Our shared space in the world
is the space of the absence of the world.
Between each new motion of a hibernating butterfly's
numb little wing, and the path of an icebreaker.
Here. Even through this house.
The beginning of breathing.

NAPIS V KNJIGI, KI JE NIHČE NE BERE

Iščeš podobnost med besedami v tej knjigi
in piramidami, ki jih zarašča džungla?

Rabiš mrtve, da registriraš svojo bolečino?
Rabiš stoletja, da registriraš uničenost ljudi?

Boj, ki se zaostruje,
ne da bi kdorkoli pomislil, da se v njem bori.

CAPTION IN A BOOK THAT NOBODY READS

You look for similarities between the words in this book
and the pyramids, overrun by a jungle?

You use the dead to register your own pain?
You use centuries to register the ruin of humanity?

The battle is heating up,
not that anyone thinks he's part of the fight.

NEKI OBRAZ

Le tista doživetja,
ki so se vanj
razločno vpisala,
ga niso uničila.

A FACE

Only those experiences
that etched themselves
sharply into it
did not destroy it.

★ ★ ★

Kako ponosna je hoja ptic
po sredi cest
ob sončnem vzhodu!
Nikoli se ni zgodila
abdikacija.

* * *

How proudly the birds walk
in the middle of the road
at sunrise!
None ever
abdicated.

★ ★ ★

Težka brneča telesa hroščev
se ti zapletajo v lase.

* * *

The heavy, buzzing bodies of june bugs
are tangling in your hair.

* * *

Nad opuščenim kamnolomom kroži kanja.
Bil sem poslan na svet po njen ekstatični klic
in potem dolgo po noben drug zvok.

* * *

A buzzard circles over the deserted quarry.
I was sent to this world for her ecstatic cry
and after that, for the longest time, for no other sound.

* * *

Velik bel pes z belo kepo
toaletnega papirja v gobcu
teče po praznih ulicah.

Slišiš? Z ogromnega molka,
ki veže žive množice,
so odpadli žvenketajoči okraski.

Da se sliši samo še molk.
        Samo še ta molk.

Karkoli slišiš, se sliši
        samo še ta molk.

Karkoli mi govoriš, karkoli ti govorimi, se sliši
        samo še ta molk.

V vsakem boju z molkom se sliši
        samo še ta molk.

V vsakem molku se sliši
        samo še ta molk.

Pretrgan.

* * *

A big white dog with a white roll
of toilet paper in its snout
runs through the deserted streets.

Do you hear? Clinking ornaments
fall from the immense silence,
binding the living masses.

To only hear the silence.
        Only that silence.

Whatever you hear, you hear
        only that silence.

Whatever you tell me, whatever I tell you, you hear
        only that silence.

In each battle with silence you hear
        only that silence.

In each silence you hear
        only that silence.

Tattered.

* * *

Vsak dih zamenjan
    za nekaj kapelj dežja.
Življenje, začeto,
    kjer se vanj ni več mogoče vživeti.
Tiho vzplamtevanje pogovora,
ko je uničena še zadnja možnost zanj.
Kaplja dežja, pripravljena
          pasti
            skozi zemeljsko skorjo.
Obraz, obraz, ki ga nisem videl kot obraz!

* * *

Each breath swapped
     for several drops of rain.
A life, begun
     when the role no longer fits.
The quiet combustion of speech
when the last chance for it has been destroyed.
A drop of rain, ready
        to fall
           through the Earth's crust.
A face, a face, I hadn't seen it as a face!

* * *

preganjano gorovje

* * *

persecuted hills

★ ★ ★

Po teh gorah, po Krasu
hodi samotna puma.

Brez upanja, brez pogojev,
da bi lahko preživela,
toda to je ne zaščiti
pred tem, da drsijo leta,
in pred lakoto, pred hrano
in tem, kar je njena želja,
in tem, kar je njena misel,
in pred lahkotnostjo plesa.

Po teh gorah, po Krasu
hodi samotna puma.

Z bele vzhajojoče Lune
zrejo razmršena gnezda.
Spremenijo se glasovi.
Veter je mrmraje zbežal.
Kdor jo je srečal, še dolgo
ni vedel, koga je srečal.
Veter s spremenjenim glasom
ne bo nikomur povedal—
da pot do nje ne bo izdana—
njen korak, njen vonj bo spremljal
tam, kjer je ni—da ne bodo
našli nikogar, ničesar.
Z bele vzhajajoče Lune
gledajo razpoke v stenah.
Kakšne črte v njenih rokah,
kakšna moč je v črtah bega!

* * *

Across the hills, across the Karst
a solitary puma walks.

Without hope, without the conditions
she needs to survive,
but that does not protect her
from the years sliding by,
and from hunger, from food
and from her wishes,
and from her thoughts,
and from the ease of her dance.

Across the hills, across the Karst
a solitary puma walks

From the white, rising Moon
the unraveled nests ripen.
The voices change.
The wind flees, murmuring.
Those who meet her do not know
for the longest time who they've met.
The wind's changed voice
won't tell anyone—
the path to her won't be revealed—
will follow her step, her scent,
there where she is not—so they won't
find anyone, anything.
From the white, rising Moon
the cracks in the rocks watch.
What lines in her hands,
what power in her lines of flight!

Po teh gorah, po Krasu
hodi samotna puma.

Z neba se jo vidi v zanki,
toda zanka se razteza,
da ni več ničesar onkraj,
ne živalska ne človeška
pripadnost ne more biti
ne določitev ne meja
njene predanosti njenim
tovarišem, njenim sestram.

Po teh gorah, po Krasu
hodi samotna puma.

Across the hills, across the Karst
a solitary puma walks.

From the sky she can be seen
in a trap, but the trap stretches out
so there's nothing left
on the other side, belonging
neither to animal nor human,
nothing can chart or bind
her loyalty to her
comrades, her sisters.

Across the hills, across the Karst
a solitary puma walks.

NOTES

"Hippodrome": Komelj quotes the Italian Baroque poet Domenico Coco, whose hand-written codex he bought in a bookshop in Naples. In this book, Coco writes "Baggiano" and then "Bagiano," a loss of a letter that struck Komelj as a moment of *différance*, as well as a typographic connection with the horse's death. Though this shift in spelling would almost certainly strike a reader (in Slovene or in English) as a simple typo, honoring the genesis of the poem was more important to Komelj than presenting a polished surface to his readers. We have preserved this typographical tribute in our translation.

"To Air": Komelj composed this poem in 1999, during the Kosovo War. NATO bombers had been given permission to fly through Slovenia's airspace on their way to bomb Belgrade, which had been Slovenia's capital when it was part of Yugoslavia.

"Hibernation": Komelj plays on a double-meaning that is impossible to capture in English: "Veke" means both "eyelids" and "centuries." Both meanings were important, so we chose to abandon the repetition in this strange interjection (Veke! Veke!) and simply present both meanings (Eyelids and centuries!), which renders the interjection stranger but loses neither denotation.

"The bat won't shut its trap": Unica Zürn wrote anagrammatic poems. Komelj composed this poem by repeating the title phrase eight times and then building the poem, anagrammatically, from those letters. This process, which is by no means obvious in the original, led him to the poem's snappy rhythm, rich sonic resonance, repetitions, and informal, playful tone. Though we were tempted to reproduce in English the process of composition, such an effort would have (at best) been a display of our cleverness, rather than an attempt to offer something of the joyfully rebellious spirit of the original. So we decided to translate the poem without creating our own anagrams, emphasizing instead those aspects of the poem that struck us as particularly exciting and rewarding, even though such a decision deprives our readers of access to another of Komelj's quirky brilliances.

"Poem About a Wall, a Wall" takes its epigraph from one of the major artistic works of the Slovenian and Yugoslavian antifascist struggle, published illegally by the High Command of the Slovene Partisans in 1942. The title, which we have translated as *Out-Storming the Storms*, suggested that the Slovenian resistance should itself become a storm strong enough to triumph over the storm of Nazi occupation.

"The Discovery": The Greek passage is Cassandra's scream of grief, horror, and alarm, generally considered untranslatable, from Aeschylus's *Oresteia*.

"About This": The title corresponds to Mayakovsky's poem of the same title.

*

Special thanks to Elena Osinskaya, at the University of Iowa's Autonomous Language Learning Network, who so serendipitously paired us and supported our partnership, from our first language studies to our translation work. We would also like to thank Tomaž Šalamun, whose very kind suggestion and wholehearted recommendation brought us to Komelj's work. Thank you to the editors of these journals, in which some of these translations have appeared: *jubilat, The Iowa Review, Inventory, eXchanges,* and *International Poetry Review.* All thanks as well to the good folks at Zephyr Press for their support and faith in this project.

BIOS

MIKLAVŽ KOMELJ (1973) is one of Slovenia's most outstanding living poets. His *Hipodrom* first appeared in 2006, and his other books of poetry are *Luč delfina* (*Light of the Dolphin*, 1991), *Jantar Časa* (*The Amber of Time*, 1995), *Rosa* (*Dew*, 2002), *Zverinice* (*Little Beasts*, 2006), *Nenaslovljiva imena* (*Unaddressable Names*, 2008), *Modra obleka* (*Blue Dress*, 2011), *Roke v dežju* (*Hands in the Rain*, 2011), *Noč je abstraktnejša kot n* (*The Night is More Abstract than n*, 2014). Among his other publications are a collection of essays on poetry, *Nujnost poezije* (*Necessity of Poetry*, 2010), and a prose work, *Sovjetska knjiga* (*A Soviet Book*, 2011). Komelj has received several of the most important Slovenian literary awards, and he translates work into Slovene from several languages (Gérard de Nerval, Fernando Pessoa, César Vallejo, Pier Paolo Pasolini, Djuna Barnes, Jack Hirschman). His most recent research is dedicated to the literary opus of Djuna Barnes.

DAN ROSENBERG earned a BA from Tufts University, an MFA from the Iowa Writers' Workshop, and a PhD from the University of Georgia. He is the author of two collections of poems: *The Crushing Organ* (Dream Horse Press 2012, winner of the 2011 American Poetry Journal book prize) and *cadabra* (Carnegie Mellon University Press, 2015). He has also written two chapbooks: *A Thread of Hands* (Tilt Press, 2010) and *Thigh's Hollow* (Omnidawn, 2015, winner of the Omnidawn 2014 Poetry Chapbook Contest). Rosenberg co-edits the independent online poetry journal *Transom*, and he currently teaches creative writing and literature at Wells College in Aurora, NY.

A bilingual Croatian-American author of short stories, essays and criticism; translator; visual artist; and illustrator; BORIS GREGORIC grew up as a military brat. He participated in the International Writing Program in Iowa City in 1991 and was a recipient of the Hammett/Hellman Foundation grant. He has published six books of short fiction and writes regularly for Croatian national radio. He has won several literary awards, including the prestigious *Goran* national award for young poets in 1988. His first novel, *Kapor i Konj* (Kapor & Horse), is to be published by Meander publishing house, Zagreb, in 2015. This is his blog: http://iantbrill.blogspot.com